HUMAN CAPITAL DISCLOSURE

資本市場に向けた人的資本開示

株式会社大和総研［編著］

一般社団法人 金融財政事情研究会

はじめに

2023年３月期の有価証券報告書から「人的資本」に関する情報開示が必須になりました。それ以前の人的資本に関する投資家向けの情報開示は、ごく一部の上場企業が自発的に行う程度でした。たとえば、有価証券報告書の「経営方針、経営環境及び対処すべき課題等」において言及する、統合報告書や自社のウェブサイトなどで記載するといったケースがありました。しかし、人的資本に関する情報は、従業員の数、従業員の男女比や年齢構成、給与の水準、教育・育成に関する体制、健康や安全に関する取組みなど、多岐にわたります。自発的な情報開示の内容は各社各様で、開示の範囲も単体であったり、連結であったり、国内拠点のみであったりと各社異なり、投資家が投資判断に活用することがむずかしい状況にありました。

今回、新たに有価証券報告書に記載する必要があるとされたのは「多様性に関する指標（女性管理職比率、男性の育児休業取得率、男女間賃金格差）」と、「人的資本」に関する「戦略（人材の多様性の確保を含む人材の育成に関する方針、社内環境整備に関する方針）」と「指標と目標（戦略で記載した方針に関する指標の内容、当該指標を用いた目標、実績）」です。今後は上場会社を中心とする4,000社以上[1]の企業が、共通の様式に従って情報開示することになり、投資家の投資判断への組み込みが進むことが期待されます。

本書は、この有価証券報告書の「人的資本」の開示についてまとめた１冊です。「有価証券報告書にどういった情報を記載すればいいのか」「どのように記載すれば投資家に自社のことを理解してもらえるのか」といった

1　関東財務局「有価証券報告書等の受理件数（令和４年）」の「内国会社」の数値。

悩みを抱える企業の皆様に解決の糸口を提供したいという思いから、今回の発刊に至りました。

本書は4章構成となっています。第1章では、投資家向けの人的資本開示が義務化された背景や、従来「政労使」（政府、労働者団体、使用者団体）で行われてきた雇用をめぐる議論に資本市場が関与するようになった背景について紐解きます。第2章では、人的資本開示制度の詳細について解説します。EUや米国の開示制度、国際的なサステナビリティ基準の策定の動きについても触れていきます。第3章では、2023年3月期の有価証券報告書において実際どのような開示が行われたのか、TOPIX500採用企業のうち3月決算企業（全380社）を対象にテキスト分析を行った結果をまとめています。第4章では、第3章の分析を経て浮かび上がってきた人的資本開示の課題を示します。また、人的資本に関する取組みが企業パフォーマンスにどのような影響を与えるのかあらためて考えるため、海外の実証研究等を紹介していきます。さらに、サービス学会第11回国内大会（2023年3月開催）において、国立研究開発法人産業技術総合研究所と株式会社大和総研の連名で公表した企業価値と人的資本の投資の関係についてまとめた論文（一部加筆・修正）もご紹介します。

本書を手にとられた方のなかには、人的資本開示について初歩的なところから知りたい方もいれば、開示の実務を担当されているなど、すでに一定の知識をもっている方もいらっしゃるでしょう。人的資本開示の全体像を知りたい方は、ぜひ第1章から読み進めていただきたいと思います。一方で、すでに一定の知識があり、他社の動向を知りたい、今後の自社の改善点について考えたい、という方は、第3章や第4章からお読みいただくことをお勧めします。制度についてあらためて確認したい、という方は、第2章が参考になります。皆様のご関心に応じてご活用ください。

株式会社大和総研は、証券ビジネスを軸とする総合金融グループである大和証券グループの一員で、IT・シンクタンク機能を担っています。今回執筆にかかわっているのは、①シンクタンク部門でサステナブルファイナンスのリサーチを担当しているメンバー、②IT部門で従業員のウェルビーイングの実現や健康等に関する社会課題に向き合い、テクノロジーを活用したビジネス企画、ソリューション創出に取り組んでいるメンバーです。本書が情報開示の質の向上と、投資家と企業の対話の深化、投資家による適切な企業価値評価の実現、ひいては資本市場の発展に貢献するものとなれば幸いです。

最後になりますが、論文掲載についてご快諾をいただいた産業技術総合研究所の皆様に厚く御礼を申し上げます。加えて、書籍の作成にあたり社内外の多くの方にご協力をいただきました。心から感謝致します。また、今回の出版にあたって手厚いサポートをいただいた一般社団法人金融財政事情研究会の西田侑加氏にも御礼を申し上げます。

2024年１月

執筆者一同

目　次

第１章　資本市場で注目が高まる「人的資本」

第2章 世界的に制度化が進む人的資本開示

第3章　有価証券報告書における人的資本開示

第4章　人的資本開示の今後の課題

第 1 章

資本市場で注目が高まる「人的資本」

第1節 国や企業の持続的成長に必要な人的資本への投資

1　人的資本とは何か

近年、資本市場において企業の人的資本（Human Capital）が注目されている。東京証券取引所は2021年にコーポレートガバナンス・コードを改訂し、上場企業に対し人的資本への投資等について情報開示を促した。金融庁は企業内容等の開示に関する内閣府令等の改正を通じて、2023年３月期以降の有価証券報告書において人的資本に関する情報の記載を義務化した（制度改正の経緯および詳細は第２章を参照）。

人的資本とは、一人ひとりがもつ知識やスキル、経験などを含む概念であり、古くは18世紀に出版されたアダム・スミスの「国富論」に言及がある。「国富論」では、収入を得るための資本の１つとして「社会の構成員である居住者が取得した有用な能力」をあげている（山岡訳、2007）。また、労働者が技能や技術を向上させるためには教育・訓練等の費用が発生するが、生産性が高まることで費用を回収でき、利益が得られることから、設備投資と同様と考えられると述べている。人の能力を資本としてとらえる「国富論」の考え方は、その後ジェイコブ・A・ミンサー、セオドア・W・シュルツ、ゲイリー・S・ベッカー等の米国の経済学者により、人的資本という概念として再定義されていった（赤林、2012）。

人的資本を蓄積するために行う教育・訓練等には、学校教育、職場内の教育・訓練のほか、個人が私的に学ぶものなどさまざまある。教育・訓練等の目的も多様であり、政府が行う学校教育や各種施策は社会の安定や経済成長に主眼が置かれ、企業が自社の従業員に行う教育・訓練は自社の企業価値向上が目的であり、個人による私的な学びは自身のキャリアアップを通じた賃金や所得の向上を目指すものになるだろう。

日本では将来の経済成長のために、人的資本への投資が必要であるとの課題認識が急速に広がっている。とりわけ、企業においては経営戦略と結びつけたうえで、必要な人的資本を確保し、育成していくなどして中長期的な企業価値の向上につなげる人的資本経営が推奨され、大企業を中心に取組みが進んでいる。第１章では、この背景を読み解くとともに、こうした動きを後押しした要因の１つである資本市場の変化について解説していく。

2　人的資本経営と人的資源管理

日本で注目されるようになった企業の人的資本経営について、従来行われている人的資源管理（Human Resource Management）もしくは戦略的人的資源管理（Strategic Human Resource Management）との違いについても初めに押さえておきたい。日本企業の人的資本経営の実践と情報開示の促進を目的に組織された人的資本経営コンソーシアムは、人的資本経営を「人材を『資本』としてとらえ、その価値を最大限に引き出すことで、中長期的な企業価値向上につなげる経営のあり方」と位置づけている。人的資本経営と人的資源管理について、人材を費用やコストとして考える『資源』ではなく、資産である『資本』ととらえることが違いである、という説明がよくなされる。人的資本経営コンソーシアムの定義も、この考え方にのっとったものであると考えられる。

たしかに、人の能力は教育・訓練によって向上するという性質があり、その側面をフォーカスすれば人的資源より人的資本ととらえたほうが違和感はない。とはいえ、人的資本経営と従来の人的資源管理の本質的な違いがどこにあるのか、まったくの別物なのか、人的資源管理を発展させたものが人的資本経営なのか、この点についてはあまり深く議論されないまま、言葉だけが独り歩きしている印象もある。

人的資源管理は、伝統的な人事労務管理（人事部門が担当する労働に関する手続や管理、採用や評定など）にとどまらず、労働力を重要な経営資源の１つと位置づけ管理する考え方で、1970～80年代頃に米国で広く知られるようになった。その後、人的資源管理を組織の戦略と統合的に管理する戦略的人的資源管理という考え方が登場する。小林（2014）によれば、人的資源管理から戦略的人的資源管理が生まれたのは「学問的必然性や必要性から生まれたというより、実務的、さらに具体的にいえば、企業内でのHRM部門や専門家の事情」（p.65）が背景にあったという（筆者注：HRM＝Human Resources Management）。そして、米国では企業に対して人的資源管理が組織に価値を付加していないという批判が長年あり、関連部門が自らの業務の価値を組織の他部署に証明したいという願望があったと指摘している。

日本企業の間でも、1990年代以降に人的資源管理の考え方が広がった。その背景として藤本（2005）は「1990年代以降の日本でも競争戦略が注目される中で、事業戦略もしくは全社戦略と密接に関係した直接的で具体的なハイ・パフォーマンス人材がマネジメントに要求されるようになってきたからである」（p.7）と指摘している。1990年代以降の日本の経済状況や日本の労働慣行の変化について詳細は後述するが、企業業績の悪化等を背景に、伝統的な日本の労働慣行に基づく人事労務管理から、各社の経営戦略に応じた独自の人事システムを構築する必要性が高まり、米国で広がっていた人的資源管理論が日本でも注目されるようになった。

人的資源管理および戦略的人的資源管理は人事部門や経営による労働者のマネジメントのあり方として発展してきたものであり、経営学を中心に論じられてきた。これに対し、人的資本は前述のように経済学を中心とする分野で用いられてきた用語である。人的資本への投資はそれを通じてどのように経済成長につながるのか、もしくはどのような投資が経済成長につながるか、という視点に軸を置き議論されてきた（なお“人的資本管理”という用語もあるが、これは経営学に近い分野で取り上げられているようである）。

ここからは筆者の個人的な解釈になるが、人的資源管理および戦略的資源管理が企業の成長を目指すマネジメント手法の１つであるとすれば、現在求められている人的資本経営は企業が自社の成長にとどまらず、経済全体の成長に結びつくことを意識して行う経営のあり方と整理できるのではないだろうか。さらには、労働者が心身ともに健康な状態で働くことができ、安定した生活を送ることができるよう配慮することも、経済成長の基盤である社会の安定性の確保という観点で、重要であろう。

近年では企業が社会に与える影響の大きさから、企業に対して環境や社会への配慮を要請する声も強くなっている。2015年に採択された国連の持続可能な開発目標（SDGs）は、環境、社会、経済の３側面に配慮しながら持続的に社会全体が成長していくことを目指すものであり、達成に向け企業を含む民間部門が役割を果たすことが期待されている。また、2020年の世界経済フォーラム（WEF、官民連携を促す国際機関）の年次総会（通称ダボス会議）でテーマとして取り上げられたステークホルダー資本主義も同様の考え方に立つ。ステークホルダー資本主義は、企業は社会全体の利益に役立つべきであり、企業がもつ能力とリソースを、収益の最大化だけでなく社会全体の課題（たとえば所得の不平等、社会の分断、気候危機など）を克服するための取組みに振り向けるべきであるとする考え方である。人的資本経営が企業の持続的な成長にとどまらず、経済の持続的な成長につながることを意識した経営であるとすれば、そこには必然的に環境や社会への配慮も含まれるのではないだろうか。

なお、環境課題に関しては人的資本経営と関係ないと思われるかもしれないが、たとえば気候変動問題への対応として発電事業者が化石燃料由来のエネルギーから再生可能エネルギーにシフトする場合、化石燃料による発電事業に従事していた労働者の雇用や権利、生計を保護することが必要になる。社会システムの変化に取り残される労働者が生じないようにする、こうした“公正な移行（Just Transition）”はいま世界的にその重要性が指摘されている。

3　資本市場の評価は有形資産から無形資産に

人的資本は最近できた新しい言葉というわけではない。ではなぜいま、資本市場において人的資本が注目されるようになったのだろうか。大きな要因の１つは、米国の株式市場における企業評価の中心が、有形資産から無形資産にシフトしているという認識が広がったことだ。有形資産は工場や機械設備など目に見える形のある資産であるのに対し、無形資産はブランドやノウハウ、特許や研究開発といった目に見えない、形のない資産である。労働者そのものは「有形」であるが、一人ひとりがもつ知識やスキル、ノウハウなどは目に見えない「無形」のものであることから、人的資本は有形資産ではなく無形資産に区分されることが一般的だ。

無形資産に関するアドバイザリー業務等を行う米国のオーシャントモ社の調査によれば、米国の代表的な株価指数であるS&P500を構成する銘柄の市場価値に占める無形資産の比率は年々上昇しており、1985年時点では約３割であったが、2020年時点には約９割に達したという[1]。欧州（S&P欧州350）に関しても７割以上が無形資産である一方、日本（日経平均株価）に関しては３割程度にとどまる（いずれも2020年時点）。この点に関して、日本企業の投資の５割以上は無形資産投資だが、それでも有形資産に対する無形資産の投資規模の比率は欧米主要国に比べると低い。無形資産投資規模をGDP比でみても、多くの欧米主要国より低いことが指摘されている[2]。

1　Ocean Tomo “Intangible Asset Market Value Study” (2020)

4　日本における人的資本への投資に関する議論

(1)　経済産業省における議論

無形資産への投資が企業価値の向上につながることが期待される一方で、無形資産の投資が成果としてすぐに表れるとは限らない。株主である投資家（ここでは主に顧客から資金を預かって資金を運用・管理する機関投資家を想定している）にも中長期的な価値を評価する姿勢が求められる。このような問題意識から、経済産業省は2016年に「持続的成長に向けた長期投資（ESG・無形資産投資）研究会」を設置した。同研究会は2017年に「価値協創ガイダンス」を策定するとともに「持続的成長に向けた長期投資（ESG・無形資産投資）研究会報告書（伊藤レポート2.0）」を公表している。

「価値協創ガイダンス」は企業経営者が自らの経営理念やビジネスモデル、戦略、ガバナンス等を統合的に投資家に伝えるための手引であるとともに、投資家が、中長期的な観点から企業を評価し、投資判断やスチュワードシップ活動に役立てるための手引である（スチュワードシップについては後述）。同ガイダンスは①価値観、②ビジネスモデル、③持続可能性・成長性、④戦略、⑤成果と重要な成果指標（KPI）、⑥ガバナンス、から構成されており、④の戦略において人的資本への投資が経営戦略上重要な要素であると位置づけている。「持続的成長に向けた長期投資（ESG・無形資産投資）研究会報告書（伊藤レポート2.0）」では人材投資について定量的に把握できる部分が少ないという課題認識や、OJT（On the Job Training：働きながら仕事に必要な能力を身につけていくこと）を除く人材投資が国際的にみて低水準であることをどのようにとらえ、強化することができるかという論点が示された。

企業の人的資本と資本市場の評価のあり方（企業側の情報開示やそれに基

2　経済産業省・持続的成長に向けた長期投資（ESG・無形資産投資）研究会第１回資料６「事務局資料」(2016年８月24日)

づく両者の対話の深化など）に関しては、2020年に「持続的な企業価値の向上と人的資本に関する研究会」が、2021年に「人的資本経営の実現に向けた検討会」が設置され、検討が続けられた。前者は2020年に「持続的な企業価値の向上と人的資本に関する研究会報告書（人材版伊藤レポート）」を公表し、日本企業が置かれている環境、具体的には第４次産業革命などによる産業構造の急激な変化、少子高齢化、個人のキャリア観の変化などをふまえ、企業の人事戦略のあり方について整理を行っている。後者は2022年に「人的資本経営の実現に向けた検討会報告書～人材版伊藤レポート2.0～」を公表している。同報告書では企業戦略と人事戦略を紐づけ、実行に移そうとする際のポイントや有効となる工夫をまとめている（なお、前述の価値協創ガイダンスは2022年８月に改訂されており、「人的資本経営の実現に向けた検討会報告書～人材版伊藤レポート2.0～」の内容も盛り込まれた）。

⑵ 日本で人的資本への投資が十分に行われてこなかった背景

「持続的成長に向けた長期投資（ESG・無形資産投資）研究会報告書（伊藤レポート2.0）」ではOJTを除く人材投資が国際的にみて低水準であることが指摘されている。この点について、日本企業の教育・訓練と伝統的な労働慣行との関係を押さえておきたい。日本では大企業を中心に「新卒一括採用」「終身（長期）雇用」「年功賃金」といった労働慣行があり、新卒社員をまとめて採用し、OJTを通じて人材育成をしていくことが少なくない。労働者のキャリア形成を企業が主導するかたちとなり、さまざまな部署を経験させる、勤続年数に応じた教育プログラムを提供する等を通じて、人的資本の蓄積を図ることが一般的だ。

「新卒一括採用」「終身（長期）雇用」「年功賃金」は、高度経済成長期（1950年代半ばから1970年代半ば）において日本企業の強みといわれてきた。しかし、1980年代後半に起きた資産価格バブルが崩壊した後、長期にわたる経済の伸び悩み（いわゆる“失われた30年”）が続いた。企業は「過剰雇用」「過剰設備」「過剰負債」の３つの過剰を抱えることになり、その処理に長い時間を費やした。「過剰雇用」に対しては、残業時間の削減や採用の抑制や配置転換、希望退職者の募集などの雇用調整が行われた。雇用環境が特に厳しかった1993～2004年頃に就職活動を行っていた世代は就職氷河期世代と称される（図表１－１）。この世代は他の世代に比べ、非正規雇用（アルバイトやパート、派遣社員、契約社員、嘱託など）として就労した人が相対的に多いことが指摘されている。

“失われた30年”の間、企業は利益を確保するためにコストカットを進める必要に迫られ、そのなかで従業員の教育・訓練の費用が十分に確保できない状況や、新卒採用が抑制される状況が続いた。非正規雇用労働者は増えたが、企業のキャリア形成支援を受けられるのは正規雇用労働者が中心であり、非正規雇用労働者はさまざまな部署を経験する機会や、教育プ

図表１－１　大学卒業者の就職率と有効求人倍率の推移

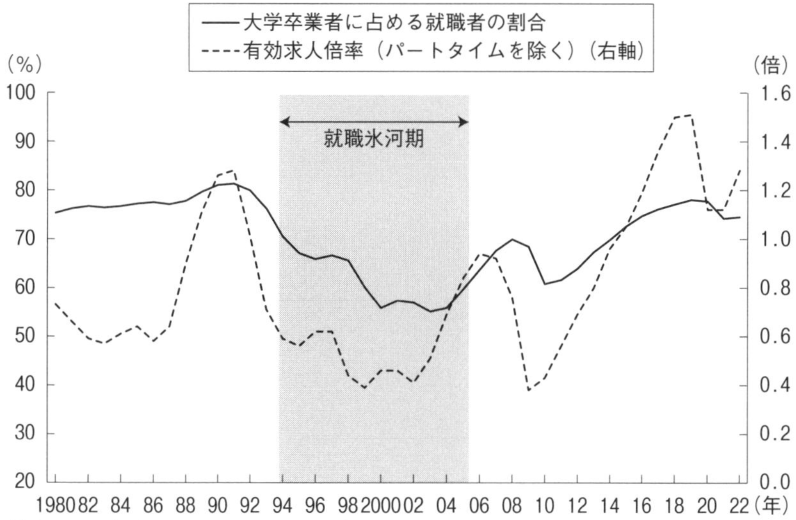

（注）　大学卒業者に占める就職者は各年３月卒業者のうち、就職者（就職進学者を含む）の占める割合。有効求人倍率は年平均の数値。

（出所）　文部科学省「学校基本調査」、厚生労働省「一般職業紹介状況」より大和総研作成

ログラムを提供される機会が相対的に少ない。“失われた30年”の間、企業による人的資本への投資は十分に行われていたとはいえない状況であったと考えられる。

企業が抱えた３つの過剰が解消されたのは2000年代半ばといわれている。内閣府「平成17年度　年次経済財政報告」には「バブル崩壊以降、日本経済は３つの過剰問題が成長の大きな制約となってきた。それは過剰雇用、過剰設備、過剰債務であり、これらはほぼ解消したと考えられる」との記載がある。しかし、３つの過剰を解消した後の2000年代後半にはサブプライムローン問題に端を発する金融危機（米国の大手投資銀行であったリーマン・ブラザーズの破綻をきっかけに世界的な金融危機につながったことから「リーマン・ショック」と称される）が起き、2011年には東日本大震災に見舞われた。厳しい経済環境が続き、日本経済の持続的な成長のために人的資本への投資のあり方をあらためて考えられるようになったのは、2010年代半ばに入ってからであった。

(3)　労働慣行の変化にあわせた教育プログラム提供の必要性

前述の日本の労働慣行の「新卒一括採用」「終身（長期）雇用」「年功賃金」は、年齢や勤続年数が採用や評価・処遇、退職などに大きく影響する仕組みである。一度就職できれば職を失うリスクが小さく、賃金も徐々に上がっていく、労働者にとっては将来を予測しやすいというメリットもあった。一方で、日本の労働慣行は雇用の流動性（会社間や産業間などにおける労働移動の多さ）を抑制する仕組みでもあるため、労働者は卒業のタイミングでの就職を逃すと希望する職を得ることがむずかしくなる。一度就職した後に、別の企業で働きたいと思っても転職がしづらい（中途採用をしている会社が少ない、転職先での処遇があまりよくないなど）環境を生み出していた。

前述のとおり企業側は、資産価格バブルの崩壊以降、労働者の期待するような“安定した、将来の予測がしやすい”雇用を提供することがむずかしくなった。加えて、グローバル化や労働者の意識の変化により、従来のさまざまな部署を経験させ、人と仕事を結びつけない（固定化しない）メンバーシップ型雇用だけでなく、各人の仕事の内容を固定化するジョブ型雇用に対する関心が高まり、実際に導入を進める企業も増えている。生産年齢人口も当面の間、減少傾向が続くため、新卒採用で十分な人員が確保できない企業は今後増えていくだろう（図表１－２）。すでに、中途採用の強化や、定年の延長、シニア人材の働きやすい環境の整備に取り組む企業も増えつつある。さまざまな面で、日本の労働慣行は変わりつつある。

これまでの日本企業では、日本の労働慣行を前提とする教育プログラム（職業経験のない新卒かつ長期雇用を想定した新入社員研修や入社後○年目研修等）の提供、異動や配置転換を通じた会社主導のキャリア形成支援を行ってきた。中途採用する人材やジョブ型雇用で働く人材が今後増えていくのであれば、それに適したキャリア形成支援や教育プログラム、訓練の機会の提供を増やしていく必要がある。

生産年齢人口の減少に加え、平均寿命が延びていることから、本人の就労意欲やスキル、健康状態等にかかわらず一定の年齢で退職となることの是非を問う声も強まっている。年を追うごとに（もしくは勤続年数が長くなるほどに）、時代の変化とともに人のもつスキルは陳腐化していくため、リスキリング（従来と異なる仕事や役割に対応できる能力を身につけること）やアップスキリング（新しい知識を身につけ、すでにもつ能力を高めること）等を通じて新たに求められるスキル・役割に対応することが必要になる。人生100年時代において、リスキリングやアップスキリングの重要性は増していくだろう。多様な世代、働き方に対応した教育・訓練プログラムを考えていくことが社会全体として必要とされている。

なお、これは企業内部の教育・訓練だけで対応できるものではない。高等教育のあり方や、個人のキャリア形成に対する意識の変化も求められる。本稿の趣旨からは外れるため、今回はこれらの論点は掘り下げない

図表１－２　人口の年齢構成の長期推計

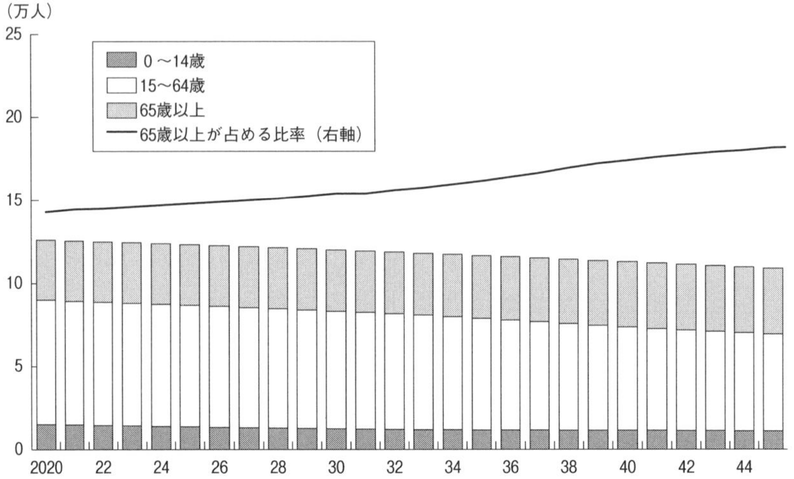

（注）　出生中位（死亡中位）推計の値。
（出所）　国立社会保障・人口問題研究所「日本の将来推計人口（令和５年推計）」より

が、会社主導のキャリア形成ではなく、個人が希望する職に就くために主体的に学習、行動する自律的なキャリア形成に対する意識を高めること、民間も含む教育機関による学ぶ機会・場の提供、公的機関による支援など、さまざまな取組みが期待される。

⑷　第４次産業革命、Society5.0を担う人材の不足

一方、世界に目を向けると急速なデジタル化が進んでいる。WEFは2016年の年次総会のテーマとして第４次産業革命（Fourth Industrial Revolution）を取り上げた。WEFが定義する第４次産業革命は、ビッグデータや人工知能（AI）といった技術革新により、“Cyber-physical systems”といわれる実世界における情報をコンピュータやネットワーク上の仮想空間（サイバー空間）で分析し、現実世界にフィードバックすることで最適化を実現する社会である[3]。第４次産業革命は、18世紀後半の水力や蒸気機関による工場の機械化が起きた第１次産業革命、19世紀後半から20世紀

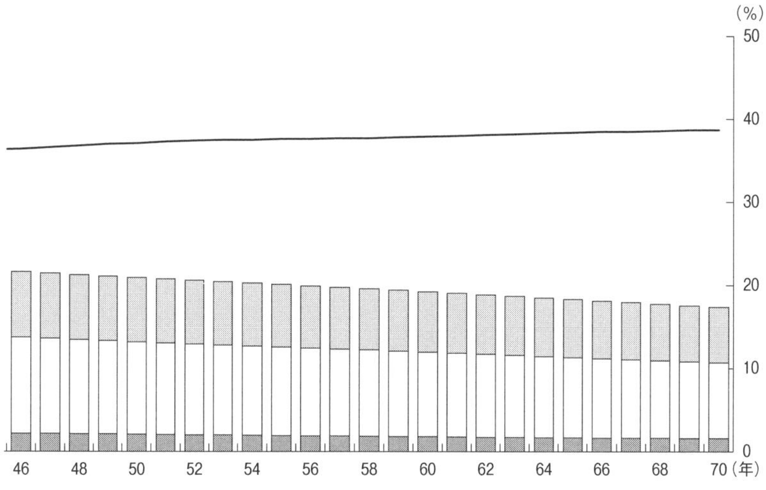

大和総研作成

初頭の分業や電力・石油を新動力とする大量生産を実現した第２次産業革命、1970年代のコンピュータやロボット技術、IT等による生産のオートメーション化が進んだ第３次産業革命に続くものと位置づけられる（ただし、第３次と第４次産業革命は主体によって定義が異なる）。

日本では2016年に閣議決定された「日本再興戦略 2016」の副題に「第４次産業革命に向けて」を掲げている。同戦略では第４次産業革命に対して「既存の社会システム、産業構造、就業構造を一変させる可能性がある」「技術、ビジネスモデル、働き手に求められるスキルや働き方に至るまで、経済産業社会システム全体を大きく変革する」という認識を示しており、「新たな社会システムや産業構造、就業構造の将来像を共有し、そ

3　WEFウェブサイト“5 ways of understanding the Fourth Industrial Revolution”（URL：https://www.weforum.org/agenda/2015/11/5-ways-of-understanding-the-fourth-industrial-revolution/）（2023年８月30日アクセス）

れに向けた目標を目指したロードマップに基づいて、オールジャパンで改革を進めなければならない」と述べている。

なお、同じく2016年に閣議決定された「第5期科学技術基本計画」では、目指す社会としてSociety 5.0が示されている。これは狩猟社会をSociety 1.0、農耕社会をSociety 2.0、工業社会をSociety 3.0、情報社会をSociety 4.0とし、これに続く新たな社会像をSociety 5.0と位置づけている。内閣府によればSociety 5.0は「サイバー空間（仮想空間）とフィジカル空間（現実空間）を高度に融合させたシステムにより、経済発展と社会的課題の解決を両立する、人間中心の社会（Society）」[4]とあり、WEFの第4次産業革命と同様に“Cyber-physical systems”を強く意識したものとなっている。第4次産業革命が産業構造の変化にフォーカスしているのに対し、Society 5.0はより広い、社会全体の変化、将来像を示したものといえる。

このような新しい時代に対応するために必要なデジタル人材の不足は以前から指摘されている。独立行政法人情報処理推進機構の調査（2022年度調査）によれば、DXを推進する人材の「量」の確保について日本企業の49.6％が「大幅に不足している」、33.9％が「やや不足している」と回答している[5]。「質」に関しても51.7％の企業が「大幅に不足している」、34.4％の企業が「やや不足している」と回答しており、量・質ともに不足している状況がうかがえる。

デジタル人材不足は社会全体の問題であり、日本政府は2021年にデジタル庁を設置し、国としてデジタルリテラシーの向上、ICTスキルの普及

4　内閣府ウェブサイト「Society 5.0」（URL：https://www8.cao.go.jp/cstp/society5_0/）（2023年8月30日アクセス）

5　独立行政法人情報処理推進機構「DX白書2023」pp.21-22を参照。同調査は日本標準産業分類（大分類）の19種類（「公務」を除く）の経営層またはICT関連事業部門、DX関連事業部門の責任者もしくは担当者を対象としている。調査の実施期間は2022年6月28日～2022年7月28日である。回収数は543社だが、DXを推進する人材の確保に関する設問についての回答数は375社である。

や、デジタル専門人材の育成・確保に取り組んでいる。とはいえ、こうした取組みは一朝一夕に成果を出せるものではない。企業が外部から採用しようとしても、思うように人材が集まらない状況が続くことも想定される。企業内でのリスキリングもしくはアップスキリングを通じたデジタル人材の確保も必要であろう。

Column パリ協定達成に向けて求められる“公正な移行（Just Transition）”

“公正な移行（Just Transition）”とは、気候変動対策を通じて負の影響を受ける労働者に対し、働きがいのある仕事を提供し、生活に必要な収入を確保し続けられるよう配慮することを指す。2009年に開催された国連気候変動枠組条約第15回締約国会議（COP15）の際、国際労働組合総連合（ITUC）が提唱した概念である。2015年のCOP21で採択されたパリ協定の前文にも、“Just Transition”を考慮することが盛り込まれた。日本の気候変動対応を進めるために2023年に制定された「脱炭素成長型経済構造への円滑な移行の推進に関する法律（GX推進法）」では、第三条の基本理念のなかで「公正な移行の観点」をふまえることが定められている。

気候変動への対応として、多くの国が温室効果ガス（GHG）排出量の多い化石燃料（石炭や石油、天然ガスなど）由来のエネルギーから再生可能エネルギーにシフトする政策を掲げている。気候変動への対応として必要な政策であっても、たとえば石炭火力発電所が廃止されたり、炭鉱が閉山されたりすると、そこで働いていた労働者は職を失い、生活に必要な収入を得られなくなる。生活に困窮する労働者が発生しないよう、国や地方政府、関連企業には、負の影響を受けうる労働者に対し、新しい仕事の機会を提供する、職業訓練を行うなどの対応が求められる。

EUでは2021年に開催されたEU理事会で、総額175億ユーロの「公正な移行基金」の創設が採択された。2027年まで労働者のリスキリングやアップスキリング、求職者に対する就職支援、経済の多様化（特定の産業に依存しない経済）等につながる零細企業や新興企業を含む中小企業への生産的な投資などを支援する基金である。また、2023年に公表した「グリーン・ディール産業計画」では、気候変動への対応に必要な人材の育成の必要性から「ネットゼロ産業アカデミー」の設立を打ち出している。

日本では昭和30年代（1955～64年）以降、国のエネルギー政策により石炭から石油への転換が進められた。加えて、炭鉱事故の発生や、海外の安価な石炭の輸入増加などもあり、国内炭鉱の閉鎖が相次いだ。それに伴う離職者対策として、石炭鉱業合理化臨時措置法や炭鉱離職者臨時措置法などの法整備が行われ、炭鉱離職者の就職支援や生活支援などが行われた。産業構造を変え、それに伴う労働移動を円滑に行うには長い時間を要する。日本における石炭関連の臨時措置法は2001年度末まで継続された。嶋﨑（2013）によれば、この間（1955年以降、2001年度末まで）の炭鉱離職者数は20万人を超えたという。海外の石炭を中心とする化石燃料の採掘地域では、まさにこれからこの問題に直面することになるのだろう。

現在、日本では化石燃料の採掘はほとんど行われていないが、化石燃料由来の発電に関しては、将来的に必要な労働者数はいまより少なくなることが見込まれ、余剰人員の再配置等が必要になる。人員が必要となる再生可能エネルギー分野へ移行できれば望ましいが、求められるスキルが異なることからリスキリングの必要性が指摘されている。また、再生可能エネルギーの生産は適地が限られていることから、生活拠点の移動を伴う再配置になる可能性があり、労働者側が受け入れるか不透明な部分もある。

エネルギー以外でもGHG排出量の多い業種は、産業構造の変革を迫られている。代表例は自動車産業である。電気自動車や燃料電池車など、電動車（ガソリンの燃焼ではなくモーターを動力源として使う車）へのシフトが進むことが予想されている。米国の全米自動車労働組合が提示した2023年の労使交渉における要求のなかには「電気自動車への移行に伴う雇用の確保」が盛り込まれていた。GHG排出量の多い産業では「公正な移行」をどのように実現するか、労使間のコミュニケーションを深めていく必要があるだろう。

嶋﨑尚子「石炭産業の収束過程における離職者支援」日本労働研究雑誌2013年12月号（No. 641）、pp.4-14、労働政策研究・研修機構

第2節

人的資本の資本市場での評価

1　資本市場における企業の評価軸の変化

(1)　短期ではなく中長期の利益重視へ――金融危機の反省

本節では、資本市場における企業の人的資本の評価についてみていきたい。第1節では、米国の株式市場における市場の評価の中心が有形資産から無形資産にシフトしていることに触れた。有形・無形にかかわらず、投資した資金を回収し、利益を出すまでには一定の期間を要する。土地や工場、設備投資など有形資産への投資は、工場の稼働時期や設備投資により増産できる量などを基に、将来の見通し予測を立てやすい。一方、研究開発投資や人的資本への投資など、無形資産への投資は回収の不確実性が高く、利益にどの程度貢献するのか予測することは困難だ。投資家は、経済的リターンが不確実な無形資産への投資より、確実な株主還元を求める可能性もあり、企業が無形資産の投資を行うにあたっては、投資家側にも中長期的な評価軸をもつ姿勢が求められる。

投資家の利益を求める姿勢が経営者の判断に影響を与えることが認識され、双方に短期的な利益を追求する姿勢の見直しが求められるようになったきっかけは、サブプライムローン問題に端を発する2008年のリーマン・ショックである。リーマン・ショックの背景には、企業や機関投資家、金融機関が短期的な利益を追求し、長期的な成功や安定を犠牲にするような行動をとったことがあるのではないか、という問題提起が各所で起きた。英国では政府がロンドン・スクール・オブ・エコノミクスのジョン・ケイ教授に委託し、英国の株式市場の構造や上場企業経営者と株主の関係などについて調査・研究を行った。2012年に公表されたケイ・レビュー（正式名称はTHE KAY REVIEW OF UK EQUITY MARKETS AND LONG-TERM DECISION MAKING）は、企業経営者が短期的な利益を求める思考に陥り、過少投資や多動性（ケイ・レビューではビジネスの基礎能力の向上にほとんど関係ない財務戦略・経営戦略の実行が過度に行われることを指す）など、長期的にみて企業価値を低下させる誤った経営判断を下し、株主もその経営判断を支持してきた事例があったことを示した。

英国では金融機関のコーポレートガバナンスのあり方や、株主としての機関投資家が果たすべき役割があらためて見直された。英国には従来、企業のコーポレートガバナンスに関する統合規範（The Combined Code on Corporate Governance）が存在したが、2010年にこれをコーポレートガバナンス・コードとして改訂するとともに、機関投資家に対するスチュワードシップ・コードを新たに導入した。スチュワードシップ・コードは、資産運用を受託する機関投資家が責任をもって資産を管理し、委託者の利益を実現するとともに、企業の長期的成功を促すことが、経済全体に寄与するとの考えから策定された行動規範である。日本でも2014年に日本版スチュワードシップ・コードが策定された（図表１－３）。スチュワードシップ・コードは世界的な広がりをみせており、国際コーポレートガバナンスネットワーク（ICGN）のウェブサイト[6]によれば18の国・地域で導入されている（2023年12月22日時点）。

⑵　責任ある機関投資家に求められるESGへの配慮

日本版スチュワードシップ・コードは、８つの原則と、それぞれの原則のもとに設けられているいくつかの指針で構成されている。指針レベルでみると、「サステナビリティ（ESG要素を含む中長期的な持続可能性）」に対する言及が随所にみられる。ESGは環境（Environment）、社会（Social）、

6　ICGNウェブサイト（URL：https://www.icgn.org/networks/global-stewardship-codes-network）（2023年12月22日アクセス）

図表1－3　日本版スチュワードシップ・コードの原則（2020年3月24日再改訂）

1．機関投資家は、スチュワードシップ責任を果たすための明確な方針を策定し、これを公表すべきである。
2．機関投資家は、スチュワードシップ責任を果たす上で管理すべき利益相反について、明確な方針を策定し、これを公表すべきである。
3．機関投資家は、投資先企業の持続的成長に向けてスチュワードシップ責任を適切に果たすため、当該企業の状況を的確に把握すべきである。
4．機関投資家は、投資先企業との建設的な「目的を持った対話」を通じて、投資先企業と認識の共有を図るとともに、問題の改善に努めるべきである。
5．機関投資家は、議決権の行使と行使結果の公表について明確な方針を持つとともに、議決権行使の方針については、単に形式的な判断基準にとどまるのではなく、投資先企業の持続的成長に資するものとなるよう工夫すべきである。
6．機関投資家は、議決権の行使も含め、スチュワードシップ責任をどのように果たしているのかについて、原則として、顧客・受益者に対して定期的に報告を行うべきである。
7．機関投資家は、投資先企業の持続的成長に資するよう、投資先企業やその事業環境等に関する深い理解のほか運用戦略に応じたサステナビリティの考慮に基づき、当該企業との対話やスチュワードシップ活動に伴う判断を適切に行うための実力を備えるべきである。
8．機関投資家向けサービス提供者は、機関投資家がスチュワードシップ責任を果たすに当たり、適切にサービスを提供し、インベストメント・チェーン全体の機能向上に資するものとなるよう努めるべきである。

（出所）　金融庁スチュワードシップ・コードに関する有識者検討会（令和元年度）「『責任ある機関投資家』の諸原則《日本版スチュワードシップ・コード》～投資と対話を通じて企業の持続的成長を促すために～」（2020年3月24日）

ガバナンス（Governance）の頭文字をとったものである。2014年の導入時にはサステナビリティに対する言及はなかったが、2017年の改訂時に原則3の指針の1つ（指針3－3）に「把握する内容としては、例えば、投資先企業のガバナンス、企業戦略、業績、資本構造、事業におけるリスク・収益機会（社会・環境問題に関連するものを含む）及びそうしたリスク・収益機会への対応など、非財務面の事項を含むさまざまな事項が想定される

(後略)」と、社会・環境に関する記載が初めて盛り込まれた。現在の日本版スチュワードシップ・コードでは原則３だけでなく、原則１、原則４、原則７の指針にも言及があり、運用戦略に応じたサステナビリティの考慮、それに基づく建設的な目的をもった対話（エンゲージメント）の実施などを求めている。

日本版スチュワードシップ・コードが改訂され、サステナビリティに対する言及が増えていった背景として、投資先企業の財務情報だけではなく、環境や社会、ガバナンス（ESG要因）への取組みを投資判断に組み込むESG投資を行う機関投資家が世界的に増えたことがあげられる。ESG投資という概念は、金融危機が発生する少し前の2006年、当時の国連事務総長であったコフィ・アナン氏が中心となり立ち上げた責任投資原則（PRI）が提唱したといわれている。PRIに賛同することを表明した機関（機関投資家だけでなくサービスプロバイダを含む）は年々増加しており、世界全体で5,391機関となっている（2023年３月末時点、図表１－４）[7]。

従来、欧州を中心に、宗教法人などの資金運用において、自らの教義に反する事業（武器やアルコールの製造、ギャンブルなど）を行う企業には投資をしないという方針をもつことがあった（海外ではこのような宗教的な信仰に基づく投資を“Faith-Based Investing”という）。また、1960年代以降の米国では反戦運動、反アパルトヘイト運動などの社会運動の高まりを背景に、年金基金などが武器製造にかかわる企業や、南アフリカ共和国で事業を営む企業（現地白人政権を支えることにつながる企業）に対し、投資をしない方針を打ち出すことなどが行われていた。1990年代以降は世界的に環境問題や企業の社会的責任（CSR）への関心が高まり、環境問題やCSR活動に取り組む企業を投資対象として評価する動きが広がった。こうした投資は社会的責任投資（SRI投資）と呼ばれている。

7　PRIウェブサイト（URL：https://www.unpri.org/annual-report-2023/responsible-investment-ecosystems#fn_1）（2023年８月25日アクセス）

図表１－４　PRIの署名機関数

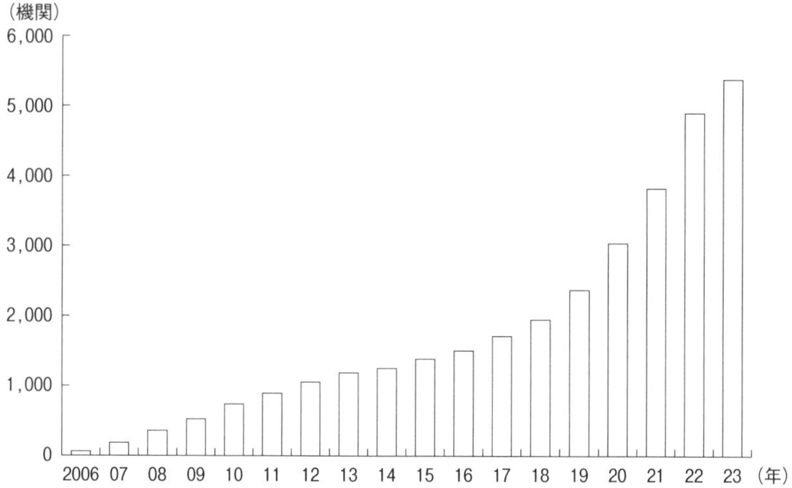

（注）　各年の数値は３月末時点のもの。
（出所）　Principles for Responsible Investmentより大和総研作成

SRI投資は、倫理や宗教的教義などに基づく投資家の理念を起点とする投資といえる。ESG投資はSRI投資を発展させたものといわれることもあるが、PRIはESG要因が投資の金銭的リターンとリスクに影響する可能性があることから、環境課題や社会課題に関心をもつ投資家のみならず、金銭的なリターンの獲得のみに注力する投資家も行うべきものと位置づけた。

PRIは機関投資家が投資判断にESGを組み込むことや、投資先企業にESGに関する開示を求めることなど、６つの原則を示している（図表１－５）。ESG要因は多岐にわたるが、PRIは例として、環境に関しては気候変動、サーキュラーエコノミー（循環経済）、生物多様性、森林破壊、社会に関しては人権、ディーセント・ワーク（働きがいのある人間らしい仕事）、ダイバーシティおよび公平性と包摂性（DE&I）、ガバナンスに関しては取締役会の構成、経営者報酬、税の公平性、責任のある政治的エンゲージメ

図表1－5　PRIの6つの原則

1．私たちは、投資分析と意思決定のプロセスにESGの課題を組み込みます
2．私たちは、活動的な所有者となり所有方針と所有習慣にESGの課題を組み入れます
3．私たちは、投資対象の主体に対してESGの課題について適切な開示を求めます
4．私たちは、資産運用業界において本原則が受け入れられ実行に移されるように働きかけを行います
5．私たちは、本原則を実行する際の効果を高めるために協働します
6．私たちは、本原則の実行に関する活動状況や進捗状況に関して報告します

（出所）　PRI「責任投資原則2021」より大和総研作成

ント（たとえば企業によるロビー活動や政治献金）をあげている[8]。

ESG要因は、短期的な金銭的リターンへの影響というより、中長期な金銭的リターンとリスクに影響するものと位置づけられる。前述のとおり、リーマン・ショック以降、機関投資家は中長期的な評価軸をもつことが求められるようになり、ESG要因を投資判断に組み込む必要性が高まったといえる。特に運用規模が大きい年金基金や保険会社など、アセットオーナーといわれる機関投資家は、投資ホライズン（想定する投資期間）が長く、投資先企業、投資対象となるエリア、アセットクラスも幅広い。

アセットオーナーはさまざまな産業・地域に幅広く投資し、市場（経済）全体に投資をしているようなものであることから、ユニバーサル・オーナーとも呼ばれる。たとえば、温室効果ガス（GHG）排出量が多い、資源を大量に消費している、廃棄物が多い、過酷な労働条件で従業員を働かせるなど、環境や社会に悪影響を与える企業は、その事業の拡大によって気温の上昇や資源の枯渇、地域の人々の健康を害するなど、さまざまな経路を通じて他の企業に悪影響を及ぼしうる。アセットオーナーは環境や

8　PRIウェブサイト（URL：https://www.unpri.org/an-introduction-to-responsible-investment/what-is-responsible-investment/4780.article）（2023年8月25日アクセス）

社会に負の影響を与えている企業と、その負の影響を通じて被害を受ける企業のどちらも投資対象である可能性が高い。そのため、投資判断に個別企業の事業の状況だけでなく、投資対象となる国・地域、産業全体の状況を考慮する必要がある。こうした背景から、アセットオーナーは他の投資家に比べ、環境や社会が経済に与える影響について考慮するインセンティブが強く働くといわれている。

アセットオーナーによるESG投資が広がると、その運用を受託するアセットマネージャーにもESG投資が広がる。日本でESG投資が拡大した背景としても、2015年に世界最大の年金基金である年金積立金管理運用独立行政法人（GPIF）がPRIに署名した影響が指摘されている。

(3) ディーセント・ワークと人的資本への投資

(i) 世界的な動き

PRIは人的資本をESG要因として直接的には示していないが、ウェブサイトで資産運用会社のケーススタディを取り上げるなどPRI署名機関に対する情報発信を行っている。また、PRIがESG要因として例示したディーセント・ワークに関しては、その実現のために人的資本への投資が必要だとの指摘がある。ディーセント・ワークは国際労働機関（ILO）が1999年の第87回総会に提出した報告書のなかで初めて用いた用語である[9]。ILOはディーセント・ワークを「働きがいのある人間らしい仕事、より具体的には、自由、公平、安全と人間としての尊厳を条件とした、全ての人のための生産的な仕事」と定義している。

ディーセント・ワークはSDGsの目標８「包摂的かつ持続可能な経済成長及びすべての人々の完全かつ生産的な雇用と働きがいのある人間らしい雇用（ディーセント・ワーク）を促進する」（外務省の仮訳より）に記載があるほか、国際的な議論の場で取り上げられることも多い。最近では2023年

9　ILOウェブサイト（URL：https://www.ilo.org/tokyo/about-ilo/decent-work/lang--ja/index.htm）（2023年９月５日アクセス）

に開催されたＧ７倉敷労働雇用大臣会合の大臣宣言“Investing in Human Capital”（日本語仮訳（厚生労働省）：人への投資）でも言及された。大臣宣言は世界的な構造変化である３Ｄ（digitalisation：デジタル化、decarbonisation：脱炭素化、demographic change：人口動態の変化）が、ディーセント・ワークの促進と人への投資の重要性を高めていることを指摘している。加えて、デジタル化と脱炭素化は、雇用創出や経済成長を促すことが期待される一方で、それにより雇用を失ったり、収入が減少したり、労働条件が悪化する労働者を増やす可能性があることから、不確かな時代に、個々人がキャリア展望や将来プランをもてるよう、人への投資が必要だと述べている。

ディーセント・ワークと人への投資は世界的に国レベルで取り組む事項としてさまざまな議論がなされているが、大臣宣言で言及された世界的な構造変化への対応としてのディーセント・ワークと人への投資は企業にとっても無縁の話ではない。デジタル人材の不足は前節で指摘したとおりだが、デジタル化や脱炭素化により企業が労働者に求めるスキルや経験が変わっていく可能性があり、現在在籍している労働者に対し教育・訓練などをすることで、新しい社会に向けて円滑な移行を進めていく必要がある。これは従業員のディーセント・ワークにつながるものといえるだろう。

(ii)　社会要素の地域性

日本国内の動きとして、連合総合生活開発研究所（連合総研）とQUICK社のQUICK ESG研究所が2020年に立ち上げた「ESG-S指標に関する調査研究委員会」の「日本版ディーセント・ワーク８指標（JD8：Japan Decent Work 8 Index）」についても言及したい。この指標は、ESG要因のうち「社会（S）」に関して企業と投資家の対話を促し、実質的な取組みを促進するための指標として2023年７月に公表された。

ESG要因を投資判断に組み込む際、環境に関しては気候変動問題など世界で共有されている課題もあり、企業の取組み（気候変動でいえばGHG排出量の削減に向けた取組みなど）も共通する部分が多い。言い換えれば、投資家も評価軸を設定しやすい。しかし、社会に関しては地域の独自性が強く、企業が抱える課題も異なる。たとえば、先進国では少子高齢化が課題である一方、新興国ではこれからも人口増加が続く地域が多い。先進国間でも、雇用の流動性や法的な労働者保護、法定福利厚生の状況が異なることから、企業が取り組むべき施策も変わってくる。あくまで一例であるが、雇用の流動性が高い国では、企業にとって重要なポストに空きが出た場合、外部から人材を採用して補充するケースが多い。そのため、内部昇進させられる人材がどの程度いるか、内部昇進させられる人材をどのように育成するかが重要な経営課題となりうる。日本の大企業ではさまざまな部署を経験しながらキャリア形成していくことから、主要なポストで空きが出た場合も内部人材の異動・昇格で対応しやすく、この課題の重要性は相対的に低いのが現状だろう。

「ESG-S指標に関する調査研究委員会」が公表したJD8は、日本企業が抱える課題をベースとしたＳ指標、言い換えれば、日本企業に投資する投資家が評価軸として活用しやすいＳ指標といえるだろう。適切な労働時間と賃金、健全な労使関係といった、これまでも労働者保護の観点から重視されてきた項目に加え、柔軟な働き方、サプライチェーンの人権、女性だけではなく障害者、性的マイノリティや外国人労働者などの社会的マイノリティを含むダイバーシティ＆インクルージョンについても取り上げている。

JD8の１つが「人的資本への投資」である。８指標の下には中核指標が13、補完指標が12あげられており、「人的資本への投資」の中核指標は、①雇用管理区分別の１人当り年間総研修時間、②雇用管理区分別の１人当り研修費、の２つが設けられている。補完指標には、新たなスキル取得や主体的なキャリア形成のための仕組みが設けられている（図表１－６）。

図表１－６　日本版ディーセント・ワーク８指標（JD8：Japan Decent Work 8 Index）

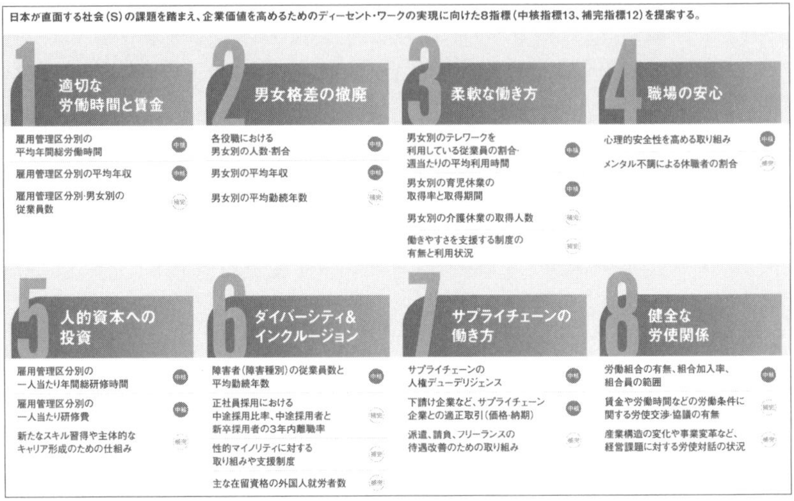

（出所）　連合総研、QUICK ESG研究所 ESG-S指標に関する調査研究委員会「日本版ディーセント・ワーク８指標」

2　人的資本の評価のために必要となる情報開示

⑴　国際統合報告フレームワーク

資本市場における人的資本の評価は、必ずしも生産性向上を目的とする人的資本の投資にフォーカスしているわけではない。労働者が適切な労働環境下で働けているか、人材が現在もつ能力を十分に発揮できる環境が整備されているかといったさまざまな観点から総合的に評価している。前述の「持続的成長に向けた長期投資（ESG・無形資産投資）研究会報告書」では第六章「4.2.3.投資家による人的資本の評価」のなかで、企業の人材投資に対する投資家・アナリストの見方が示されている。同研究会の議論のなかでは、特に重要な事項として、企業のビジネスモデルや戦略において必要な人材の明確化、人材の獲得・育成や他社に引き抜かれないための方策、後継者の育成等があげられたという。

人的資本が重要であるといわれる一方で、こうした企業の人的資本の状況については、企業の情報開示が義務化されておらず、評価が困難であった。人的資本に関しては、採用のための（労働者にとって就労先を選ぶ際の参考になる）情報や、政府が労働者の保護などの観点から必要となる情報の開示が行われることはあったが、投資家が求める「投資判断に影響する（企業価値に影響する）情報」の開示については企業の判断に委ねられていた。

日本では2023年３月期の有価証券報告書から人的資本に関する開示が義務化されたが、従来人的資本以外のESG要因も含む、企業のサステナビリティに関する情報開示の国際的な枠組みとして世界的に活用されてきたのが、国際統合報告評議会（IIRC、現在は国際的な会計基準の策定に取り組むIFRS財団に統合されている）が2013年に公表した「国際統合報告フレームワーク（The International〈IR〉Framework）」（2021年改訂）である。

IIRCはリーマン・ショックの反省として、誤った資源や資本配分への対処が必要であるとの問題意識から、2010年に創設された団体である。創設を主導したのは英国のThe Prince's Accounting for Sustainability Project（現Accounting for Sustainability、A4S）と米国の非営利団体であるグローバル・レポーティング・イニシアティブ（GRI）である。A4Sは2004年に英国のチャールズ皇太子（当時）により開始された、金融の変革により持続可能なビジネスをつくりだすことを目的としたプロジェクトである。GRIは1997年に米国で創設され、企業が環境や社会、経済に対してどのような影響を与えるのかについて透明性の高い情報開示を促すため、開示基準の開発に取り組む組織である。

国際統合報告フレームワークは、投資家や銀行などの資金の出し手が、投融資先企業の短期・中期・長期にわたる価値創造プロセスを理解できるよう、当該企業に対して財務情報だけでなくサステナビリティ関連の財務情報も含めた統合的な情報開示を促すことを目的に策定された。

国際統合報告フレームワークでは「組織が利用し、影響を与える資源および関係」を「資本」と総称し、資本について「価値の蓄積であり、組織の活動とアウトプットを通じて増減し、変換される」ものと位置づけている。資本は、財務資本、製造資本、知的資本、人的資本、社会・関係資本、自然資本から構成されるとしている[10]。人的資本に関しては「人々の能力、経験及びイノベーションへの意欲」と説明しており、例として「組織ガバナンス・フレームワーク、リスク管理アプローチ及び倫理的価値への同調と支持」「組織の戦略を理解し、開発し、実践する能力」「プロセス、商品及びサービスを改善するために必要なロイヤリティ及び意欲であり、扇動し、管理し、強調するための能力を含む」をあげている。

⑵ 欧米でのサステナビリティ情報開示制度の導入

(i) 米　国

国際統合報告フレームワークはあくまで開示を促進するためのフレームワークであり、一部の国を除いてこれに基づく開示が企業に対して義務づけられているわけではない。従来任意であった、人的資本を含むサステナビリティ情報の開示は欧米が先行して制度化を進めている。制度の詳細については第２章に譲るが、ここでは米国とEUの制度化の背景について簡単に言及しておきたい。

米国証券取引委員会（SEC）は2020年にRegulation S-Kを改正し、米国市場上場企業の年次報告書であるForm10-Kにおいて、人的資本に関する情報開示（人材の確保や育成、採用など）を義務化した。開示が義務化された背景の１つに、米国で複数の機関投資家が2013年に設立した“Human Capital Management Coalition”というイニシアティブの働きかけがある。同イニシアティブは2017年にSECに対し人的資本の開示を強化する規

10　IFRS財団「国際統合報告〈IR〉フレームワーク」（2021年１月）

則改正を求める嘆願書を提出した。

同イニシアティブは、投資先企業の人的資本のマネジメントが企業業績や株価に与える影響などについて知見を深めるとともに、投資先企業に対し人的資本に関する情報開示を促す活動を行っている。メンバーには、米国最大の公的年金であるカリフォルニア州職員退職年金基金（CalPERS）やカリフォルニア州教職員退職年金基金（CalSTRS）などのアセットオーナーのほか、BNPパリバ・アセットマネジメントやリーガル・アンド・ジェネラル・インベストメント・マネジメント、シュローダーなどのアセットマネージャーも名を連ねる。

同イニシアティブは、企業の人的資本を、全従業員の集合知、モチベーション、能力、経験と定義しており、経営陣がマネジメントすべき人的資本に関連する事項として、採用、雇用の維持、従業員エンゲージメント、教育、報酬、公正な労働慣行、健康と安全、適切な雇用契約、倫理、望ましい企業文化とダイバーシティなどに代表される従業員マネジメントに関連する企業慣行を幅広く含むものととらえている。ただし、SECは企業の事業活動や、事業を行っている国・地域によって状況が異なることから、開示内容は企業が重要性に鑑みて判断するものとしている。

(ii) 欧　州

EUでは2018年から非財務情報開示指令（NFRD）が施行されており、一定以上の規模の企業等は、環境や社会に関する情報開示を行う必要がある。NFRDはEUが2011年に策定したCSR戦略に基づくものである。EUは、企業は社会（環境を含む）に与えるインパクトに責任をもつべきであるとし、企業に対し、法律に従うだけでなく、倫理や、社会および環境への配慮、消費者からの信頼、人権の尊重などを、ビジネス戦略および企業活動に組み込むことを促している。そのため、NFRDに基づき企業が開示する情報は、投資家だけでなく、幅広いステークホルダーが利用することを想定している。EUは企業のサステナビリティ情報開示をさらに強化するため、企業サステナビリティ報告指令（CSRD）を発効している。

(3) だれのための開示か

企業の年次報告書において人的資本の開示を求める動きは世界的な潮流といえるが、その目的は必ずしも同じではない。米国では企業が投資家の投資判断に影響するか否か、その重要性を判断し、開示項目を検討する。一方、EUに関してはマルチステークホルダーを意識した開示であり、投資家にとって重要である事項に限らず、社会に対しても大きな影響を与える場合は開示することを求めている。日本の場合は、有価証券報告書が投資家向けの情報開示媒体であることから、投資家向けの情報開示と位置づけられる。

従来、企業が法定ではなく任意で開示していたサステナビリティ情報に関しては、前述の国際統合フレームワークに加えGRIのGRIスタンダードや、国際標準化機構（ISO）のISO30414などが参考にされてきた。国際統合フレームワークは開示の考え方などが示されている一方、具体的な開示項目が示されているわけではないため、GRIスタンダードなど他の基準と組み合わせて活用されてきた。ただし、GRIはマルチステークホルダー向けの情報開示、ISOは労働者に重きを置いた情報開示基準となっている。投資家を対象とした情報開示（環境や社会課題が企業価値に大きな影響を与える場合にその情報を開示する）をシングルマテリアリティ、ステークホルダーを対象とした情報開示（企業の事業活動が環境や社会にどのようなインパクトを与えているかを開示する）をダブルマテリアリティというが、どちらを意識するかで企業が開示する情報も変わってくる。現状、資本市場において評価されるのはシングルマテリアリティに基づき開示される情報であるが、近年では環境や社会に与えるインパクトに注目する投資家も表れている。ダブルマテリアリティに基づき開示される情報の重要性が、将来的には資本市場においても高まっていく可能性も考えられる。

3　ESG評価機関の評価項目

(1)　ESG評価機関とは

機関投資家によるESG投資が拡大するとともに、そのインフラとして、企業のESGの取組みを評価するESG評価機関の存在感も高まっている。ESG評価機関は各社がそれぞれ独自の評価手法を開発し、ESGにフォーカスした評価を行っている。ESG評価は機関投資家の投資判断に活用されるほか（図表１－７）、ESG指数[11]の構築に活用されることもある。機関投資家によっては、ESG評価そのものは使わないが、自らの投資判断に活用するESG項目を検討する際にESG評価機関の評価項目を参考にすることもあるようだ。

(2)　ESG評価機関の人的資本の取扱い

ESG評価機関は環境、社会、ガバナンス（もしくは経済）、それぞれのカテゴリごとに評価項目を設けている。ESG評価機関が人的資本をどのように評価しているのか、代表的なESG評価機関が公表している評価手法等（メソドロジー）を確認していきたい。なお、ESG評価機関のメソドロジーは日々アップデートされている。これ以降の情報は本稿を執筆している2023年９月１日時点のものであり、最新の情報は各社のウェブサイト等で確認されたい。

(i)　S&P Global

S&P Globalは世界各国の企業を対象にCorporate Sustainability Assessment（CSA）を実施し、それを基にESGスコアを算出している。同社の“CSA Handbook 2023 Corporate Sustainability Assessment”によれば、

11　指数とは、取引所全体もしくは指数ごとの基準に沿った特定の銘柄群の動きを表すもので、東証株価指数（TOPIX）や日経平均株価がよく知られている。ESG指数に関しては、ESGを総合的に評価して評価がよい銘柄群で構成される指数もあれば、気候変動やダイバーシティなど、特定のテーマに特化してそのテーマに関する評価が高い銘柄群で構成される指数もある。

図表１－７　機関投資家が意思決定に使うESGデータの最も一般的な情報源（上図）、機関投資家のESG格付／スコアの利用目的（下図）

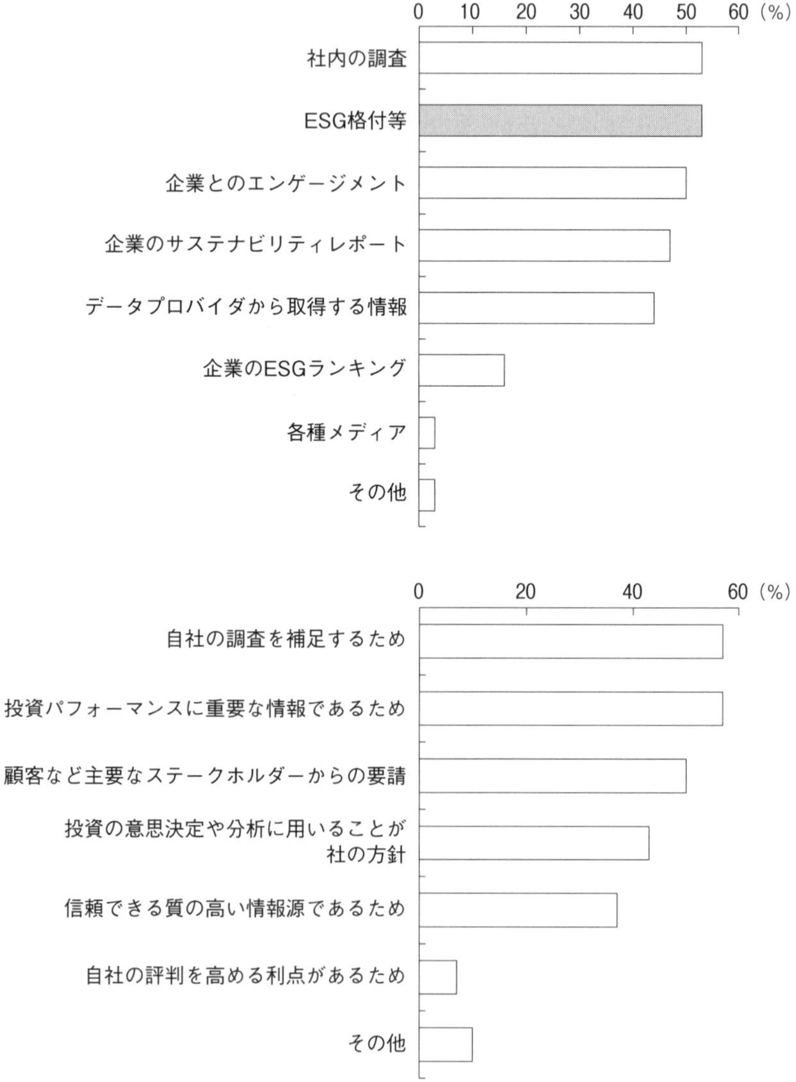

（注）　回答数は33（調査票自体は450の機関投資家に送付）。複数回答。
（出所）　The SustainAbility Institute “Rate the Raters 2023：ESG Ratings at a Crossroads”（2023年３月）より大和総研作成

CSAは経済・環境・社会の３分類から構成されており、社会の評価項目の１つとして人的資本の開発が位置づけられている。人的資本は企業の無形資産の重要な部分を占める可能性があること、多くの業界にとって人的資本の開発は財務的に最も重要なサステナビリティ要因の１つであると指摘している。評価のポイントとして、①訓練と能力開発への投資、②従業員育成プログラム、③人的資本の投資収益率、の３点をあげている。

(ii) MSCI

MSCIのESGレーティングは、環境、社会、ガバナンスを３つの柱とし、環境の下に４つ、社会の下に４つ、ガバナンスの下に２つ、あわせて10のテーマを設定している。人的資本に関しては社会の柱の下に設定されたテーマの１つに設定されている。人的資本にはさらに、①労働安全衛生、②人的資本開発、③労働マネジメント、④サプライチェーンと労働管理、という４つの主要な課題（キーイシュー）が設定されている。人的資本への投資は主に②の人的資本開発が該当する。

②の人的資本の開発に関して、MSCIは関連するリスクと機会として、1)求められる役割を果たせる能力をもつ人材を引き付けることができず競争力を失う、2)人員減やキーパーソンを失うリスクを通じた知的資本と人的資本の喪失、3)高い離職率に伴うコストの増加、4)低い労働生産性、をあげている。

(3) ESG評価機関の評価軸

評価機関による企業評価の代表的なものとして、信用格付がある。財務情報に基づき、企業の債務の利払いや元本の返済能力を評価する信用格付は、評価機関による評価のばらつきが少ない。一方、ESG評価に関しては環境や社会、ガバナンスと考慮すべき範囲が広い。評価方法もESG評価機関が独自に構築しており、サステナビリティのリスクに重点を置く評価機関もあれば、リスクと機会の両方を評価する機関もある。開示情報のみで評価する機関もあれば、企業に質問票を送付し、その回答と開示情報から評価する機関もある。

人的資本に関する評価に関しては、評価機関ごとにメソドロジーの違いはありつつも、有能な人材の確保を重視している点は共通する。これは、企業の競争力そのものであり、獲得・維持できれば機会になる一方、失うことはリスクであり、機会・リスクの両面から評価項目になるためであろう。評価項目の区切り方は各社各様であり、S&P Globalは社会のなかに人的資本の開発を独立して設けており、人材を引き付け、維持すること（Talent Attraction & Retention）や、労働慣行に関する指標（Labor Practice Indicators）、労働安全衛生（Occupational Health & Safety）は別項目となっている。一方、MSCIは人的資本を従業員に関連する項目として広くとらえ、そのなかに開発（教育・訓練）を位置づけているようだ。

Column 無形資産としての人的資本の開示

人的資本の開示について考えるうえでは、無形資産の開示についても考える必要があるだろう。わが国において無形資産の会計処理については、たとえば「財務諸表等の用語、様式及び作成方法に関する規則」で、のれん、特許権、借地権、商標権などの権利やソフトウエア、一部リース資産などの無形固定資産を区分表示することとされている。これらのうち、たとえばのれんやソフトウエアについて、会計基準が定められている。しかし、無形資産について包括的に定めた会計基準はなく、人的資本のような「人」に係る無形資産は現状オンバランス化（貸借対照表に一項目として計上）されていない。

IFRS（国際会計基準）では、IAS第38号「無形資産」で扱いが示されている。範囲はやはり各種の権利やソフトウエアである。「無形資産」として認められるためには、企業がその資産を支配していること、識別可能であること（企業から分離して売却等が可能であること）、信頼性をもった取得原価の測定が可能であることなどの基準を満たす必要がある。理論的には「人」もオンバランス化できると考えられるが、わが国と同様にそのような動きはない。

なお、IFRSを開発するIASB（国際会計基準審議会）は、2022年に今後の協議に関するアジェンダ・コンサルテーションに対するフィードバック・ステートメントを示している。そのなかで、大多数のコメント提出者が優先度が高いと評価した「無形資産」のプロジェクトを、2022〜26年についてのリサーチ・プロジェクト・パイプラインに追加することを公表している。プロジェクトは今後展開していくことになるが、サステナビリティ情報の開示との関連性も指摘されている。

わが国では人的資本に関する情報は有価証券報告書で開示が求められているが、記述情報にとどまる（第２章で後述する）。記述情報も重要な情報であるが、財務情報としての人的資本に関する情報も投資家にとっては価値が高い。すでに人的資本と企業価値の関係性を分析している企業もみられる。今後、人的資本を含む無形資産の価値を可視化する動きがいっそう活発化していくことも考えられる。

第3節

企業の取組みと資本市場の評価の現状

本章では第1節で人的資本とは何かをあらためて考えるとともに、日本において人的資本への投資および人的資本経営への意識が広がった経過を振り返った。急速に議論が深まったのは、①日本の持続的な経済成長の実現、②第4次産業革命や少子高齢化など大きな社会の変化への対応、③日本の労働慣行の変化への対応、④日本の株式市場の活性化、といった日本が抱えるさまざまな課題に対し、取り組むべき事項として共通するのが「人的資本への投資」であったからだろう。

従来、労使関係に関連する議論は、政労使（政府、労働者、使用者）の間で行われることが多かった。近年それに資本市場関係者が新たに加わった。議論が政労使で行われていた時代は、企業の担当部署は企画や人事部門が主であったと考えられるが、資本市場への対応（主に情報開示）に関しては、財務部門やIR部門も関係してくる。企業としてはより多くの部門を巻き込み、この課題に取り組むことが求められる。

第2節では政労使に新たに資本市場関係者が加わった背景として、資本市場の変化を指摘した。リーマン・ショックを契機に機関投資家に対して中長期的な企業価値向上に資する行動を求める機運が高まり、スチュワードシップ・コードの導入が世界的に広がった。ESG要因を投資判断に考慮する動きも拡大し、ESG要因のS要因として、人的資本に関心をもつ投資家が増えた。資本市場の評価の軸として共通するのは、いかに有能な人材を引き付け、維持するかという点であろう。これは企業の将来に向けた経営戦略が実現するかどうかを予想する重要な情報の1つである。ただし、それをどういった項目で評価するのか（教育や訓練なのか、労務管理や労働安全衛生なのか）は定かではない。業務内容や業務を展開する国・地域によっても異なるだろう。

人的資本に関する評価がむずかしいのは、現状企業により開示される情報が各社各様であり、投資家の分析が困難な状況であることが指摘されている。次の第２章では、こうした問題意識に対し企業の情報開示基準を制度化する、世界的な動きについてさらに詳細に解説する。日本では2023年３月期から有価証券報告書による人的資本の開示が義務化され、今後投資家による投資判断に活用されていくことが予想される。第３章ではTOPIX500に採用されている銘柄を対象に、2023年３月期の有価証券報告書においてどのような開示が行われたのか概観する。第４章では、第３章をふまえ、人的資本開示の課題、将来的な展望について述べていきたい。

〈参考文献〉

赤林英夫「人的資本理論」日本労働研究雑誌 2012年４月号（No.621）、pp.8-11、労働政策研究・研修機構

小林裕「戦略的人的資源管理論の現状と課題」2014年３月東北学院大学教養学部論集第167号、pp.63-75、東北学院大学学術研究会

藤本雅彦「日本企業における人材戦略マネジメントの構図」2005年12月人材育成研究第１巻第１号、pp.5-22、人材育成学会

山岡洋一訳『国富論―上　国の豊かさの本質と原因についての研究』、日本経済新聞出版社、2007年、p.284（原著：アダム・スミス“An Inquiry into The Nature and Causes of The Wealth of Nations” 第６版1791年（初版は1776年））

第 2 章

世界的に制度化が進む人的資本開示

第1節

任意開示として広がってきた人的資本開示

1　従来のわが国における開示

第１章で確認したとおり、人的資本をはじめとしたサステナビリティに関する評価を投資判断で考慮するESG投資が拡充していくなかでは、企業による情報開示が課題となる。十分な開示が行われていなければ、サステナビリティへの取組みを評価することもむずかしい。

企業による人的資本を含むサステナビリティに関する情報開示は、わが国においては第３節で後述する2021年６月の東京証券取引所のコーポレートガバナンス・コード（CGコード）の改訂や2023年１月の「企業内容等の開示に関する内閣府令」（開示府令）の改正までは、企業による自主的なものが主であった。

ただし、金融商品取引法に基づく有価証券報告書では、それ以前から一部人的資本に関する開示が行われている。有価証券報告書では「従業員の状況」欄においてセグメントごとの従業員数（連結・単体）、平均年齢、平均勤続年数、平均年間給与に加え、臨時従業員数や労働組合との間の特記事項の開示が求められる。これは人的資本に関するごく基本的なデータといえるだろう。

それ以外にも「経営方針、経営環境及び対処すべき課題等」「事業等のリスク」「経営者による財政状態、経営成績及びキャッシュ・フローの状況の分析」（MD＆A）といった記述情報にサステナビリティ情報を記載しているケースがある。たとえば、人的資本に関しては経営環境をふまえ、経営方針の一部として人材の育成や多様性の確保、人権尊重を重要事項と置いている場合には、当該方針の具体的内容やそれに向けた戦略を開示することもある。また、関連する目標の達成状況を判断するための具体的な指標として人的資本に関するKPIを開示している企業もみられる。さらに戦略の遂行や目標の達成に向けた課題や対応についての開示をあわせて行う場合もある。そのほか、事業を行っていくうえでのリスクの１つとして、人権問題や従業員の労働安全衛生といった人的資本に関する事項があげられることもある。これらの記述情報は、企業が人的資本についてどのような方針で取組みを行っていき、企業価値の向上につなげていくのかを具体的に示す内容といえるだろう。

これらの記述情報において何を開示するかは企業の判断による。金融庁は2019年に「記述情報の開示に関する原則」を公表している。ここでは、記述情報は財務情報を補完し、投資家による適切な投資判断を可能とするものであり、投資家と企業との建設的な対話を促進するために有用であると示されている。そのうえで、記述情報の開示については、各企業において、重要性（マテリアリティ）という評価軸をもつことが求められている。この重要性は投資家の投資判断にとって重要か否かにより判断すべきであり、経営者の視点による経営上の重要性も考慮した多角的な検討を行うことが重要とされている。つまり、企業が人的資本を含むサステナビリティ情報に関する事項について投資家の投資判断において重要な情報を含まないとして、開示しない場合もあるということである。

総合すると、開示府令の改正以前は、投資家に向けた人的資本に関する具体的かつ包括的な開示を義務づけている法令諸規則は、「従業員の状況」における基本的なデータや企業判断に基づく記述情報を除くと、なかったと解することができる。

2　人的資本に関する任意開示とその基準

従来は法令諸規則に基づく投資家に向けた人的資本の開示はほぼ求めら

れておらず、基本的には企業のウェブサイトや統合報告書、サステナビリティレポートなどでの自主的な開示が主であった。ただし、企業ごとに開示項目などが異なっていると、情報の比較可能性が確保されず、投資家などが情報に基づいた評価を行うことが困難になってしまう。サステナビリティ情報に関してはこれまでNGOや民間主導のイニシアティブが情報開示基準やフレームワークの策定に取り組んでおり、企業が自主的な開示を行ううえでは、企業間の比較可能性を担保するために、これらを参考にすることが広く行われている。基本的に自主的な開示であり、基準に沿った開示を行うか、どの基準に従うかは基本的には企業の任意である（ただし、国や地域によっては法令等で基準への準拠が求められている場合もある)。以下では、人的資本の開示の際に参考とされうる主な国際的な開示基準についていくつか解説する。

(1) GRIスタンダード

「GRIスタンダード」は、1997年に設立されたグローバル・レポーティング・イニシアティブ（GRI）が作成した基準である。2000年にGRIガイドラインとして公表され、2016年にGRIスタンダードへ移行し、その後も適宜改訂作業が行われている。GRIスタンダードは、企業が経済・環境・社会に与える影響を、投資家だけではなく、より広いステークホルダー（従業員、サプライヤー、社会的弱者、地域コミュニティなど）に「サステナビリティ報告書」として開示することで、持続可能な発展を促すことを目的としている。

GRIスタンダードで求められる開示事項のなかには人的資本に関連するものもある。その内容は従業員の育児休暇や労働安全衛生に関する説明、研修時間や男女間賃金格差、人権に関する説明など、多岐に及ぶ。GRIスタンダードに準拠する企業は、これらの事項の開示場所（ウェブサイト、各種報告書など）を示した索引を公表する必要がある。開示できない事項がある企業においては、索引のなかでその理由や別途参考情報を記載している場合もみられる。GRIスタンダードは、国内外で広く利用されている。

(2) 国際統合報告フレームワーク

企業価値創造、投資家との対話促進のために、2010年に国際統合報告評議会（IIRC）がGRI等によって設立された。IIRCは環境や社会に関する側面から企業の戦略、ガバナンス、業績などの情報を統合して報告するための「国際統合報告フレームワーク」を2013年に公表した。国際統合報告フレームワークは、企業が事業活動を通じて、財務資本、製造資本、知的資本、人的資本、社会・関係資本、自然資本を含む各種の資本を用いてどのように長期にわたる持続可能な価値創造を行っているのかを投資家に伝える「統合報告書」の作成を促すことを目的としている。

統合報告書においては、各種資本がビジネスモデルを通じて価値創造をするプロセスを示すことが重要である。資本をインプットとして利用し、事業活動を通じてアウトプットを創出する。この事業活動、アウトプットが資本に影響を与える（アウトカム）というサイクルになっている。各種資本のうち、人的資本には、人々の能力、経験、イノベーションへの意欲が該当する。例として、組織の戦略を理解、開発、実践する能力などがあげられている。価値創造のプロセスをふまえたうえで、組織概要・外部環境、ガバナンス、ビジネスモデル、リスク・機会、戦略・資源配分、実績、見通し、作成の表示・基礎、といった事項を開示することが求められている。国内でも700社以上が統合報告書を作成しており、国際統合報告フレームワークが広く参照されている。

なお、IIRCは2021年６月に同じくサステナビリティ情報を開示するための基準設定機関であるサステナビリティ会計基準審議会（SASB）と合併し、バリュー・レポーティング・ファウンデーション（VRF）が設立された。さらにVRFは第２節で後述する国際サステナビリティ基準審議会（ISSB）に2022年８月に統合された。将来的にはISSBが作成する基準が国際的かつ統一的な基準として利用されることが想定されるが、国際統合報告フレームワークも2023年８月時点において利用可能である。

3　人材版伊藤レポートと人的資本可視化指針

わが国においては、経済産業省が「持続的な企業価値の向上と人的資本に関する研究会」を設置し、その成果として2020年に「持続的な企業価値の向上と人的資本に関する研究会報告書～人材版伊藤レポート～」が公表された。人材版伊藤レポートは、企業価値評価のための人的資本活用の重要性と人材戦略の策定・実施において経営陣、取締役、投資家がそれぞれ果たすべき役割について議論をしたものである。また、経済産業省は「人的資本経営の実現に向けた検討会」を設置し、「人的資本経営の実現に向けた検討会報告書～人材版伊藤レポート2.0～」を2022年に公表した。人材版伊藤レポート2.0では、2020年の人材版伊藤レポートから、経営戦略と連動した人材戦略をどう実践するかについて、より深掘りしたものとなっている（図表２－１）。

さらに、内閣官房に「非財務情報可視化研究会」が設置され、2022年に「人的資本可視化指針」が公表された。人材版伊藤レポートが人的資本の

図表２－１　人材版伊藤レポート2.0の概要

①	経営戦略と人材戦略を連動させるための取組み
②	「As is - To beギャップ」の定量把握のための取組み
③	企業文化への定着のための取組み
④	動的な人材ポートフォリオ計画の策定と運用
⑤	知・経験のダイバーシティ＆インクルージョンのための取組み
⑥	リスキル・学び直しのための取組み
⑦	社員エンゲージメントを高めるための取組み
⑧	時間や場所にとらわれない働き方を進めるための取組み

（出所）　経済産業省「人的資本経営の実現に向けた検討会報告書～人材版伊藤レポート2.0～」より大和総研作成

活用や人材戦略の具体化について述べたものであるのに対し、人的資本可視化指針は人的資本に関する情報をいかに可視化し投資家に伝えるかを主眼に置いている。

人的資本可視化指針では、人的資本への投資を長期的利益の拡大につなげていくためには、①企業がビジネスモデルや経営戦略と人的資本を結びつけ、②人的資本への投資や人材戦略のあり方を伝えるとともに、③投資家が人的資本について中長期的な企業価値の向上や持続的成長を促す観点から適切に評価し、フィードバックを行うというサイクルが重要であるとしている。そのうえで、先述の国際統合報告フレームワークなどを用いて、自社の経営戦略と人的資本への投資や人材戦略の関係性を説明することが推奨されている。これらのほか、気候関連財務情報開示タスクフォース（TCFD）の基準（TCFD提言）を参考にすることも可能とされている。TCFD提言は気候変動に関する情報開示基準だが、枠組みは人的資本にも活用可能であり、人的資本に関するリスクや機会について「ガバナンス」「戦略」（企業への影響やその対応）、「リスク管理」「指標と目標」の４つの軸をベースとして具体的な開示事項を検討することが考えられている。

人的資本可視化指針において、具体的な開示事項の検討は、「自社固有の戦略やビジネスモデルに沿った独自性のある取組・指標・目標の開示」と「比較可能性の観点から開示が期待される事項」の２つの類型に整理されている。前者に関して、独自性のある取組みや開示事項については経営戦略との関連性や定義、重要性の背景について開示するとともに、他社と共通する事項については自社固有の戦略やビジネスモデルと紐づけた開示が期待されている。一方、後者に関しては、制度開示への対応やニーズの高い事項の開示を行うとともに、自社の経営戦略と人的資本への投資や人材戦略の関係性を明確化し、適切な開示事項を主体的に検討していくことが重要であるとされている。投資家における企業間情報の比較に対するニーズに応えるとともに、企業の経営戦略や人材戦略を表現する独自性を

図表２－２　人的資本に関する開示事項に係る観点

開示事項の階

開示事									
育成			エンゲージメント	流動性			ダイバーシティ		
リーダーシップ	育成	スキル／経験		採用	維持	サクセッション	ダイバーシティ	非差別	育児休業

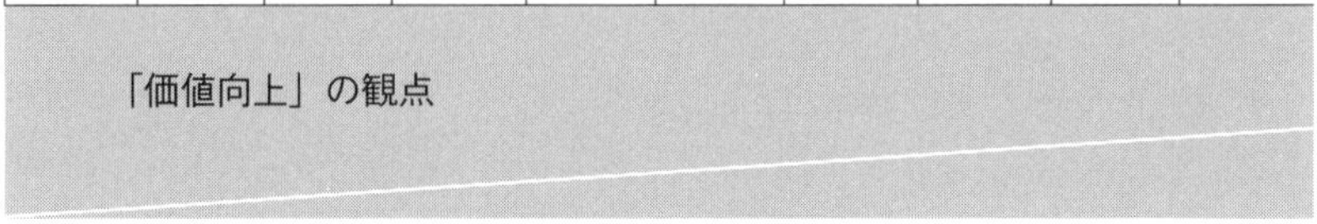

（出所）内閣官房「人的資本可視化指針」より抜粋

意識するというバランスを確保することが求められている。

さらに、人的資本に関する開示事項には、価値向上に関する開示とリスクに関する開示があり、企業はどのような開示ニーズに対応して開示事項を選択するのかを明確化することが望ましいとされている（図表２－２）。

実際に開示を進めていくうえでは、まずはできるところから開示を行い、投資家などからのフィードバックをふまえて戦略をブラッシュアップし、さらに有用な開示を行うというサイクルが望ましいと人的資本可視化指針において考えられている。具体的なアクションについては、例として、基盤・体制の確立、可視化戦略の構築、投資家との対話をふまえた磨き上げという循環的なプロセスが示されている（図表２－３）。

第３節で後述するが、CGコードや開示府令といった法令諸規則に基づいた人的資本開示も求められるようになっている。こうした制度開示を行ううえで、本節で説明した開示基準・指針が参考になりうる。制度開示、任意開示のいずれにおいても開示基準・指針を活用し、より充実した開示を行うとともに、投資家との対話を深めていくことが期待される。

層（イメージ）

項の例								
健康・安全			労働慣行					コンプライアンス／倫理
精神的健康	身体的健康	安全	労働慣行	児童労働／強制労働	賃金の公正性	福利厚生	組合との関係	

「リスク」マネジメントの観点

図表２－３　人的資本に関する可視化に向けた具体的なアクション（例）

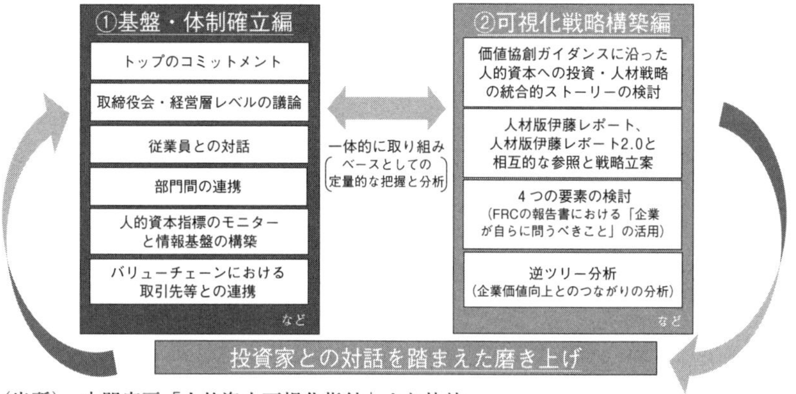

（出所）　内閣官房「人的資本可視化指針」より抜粋

第2節

欧米で先行する人的資本開示制度の導入

1 EU域内における開示制度

第1節で述べたとおり、わが国では従来は投資家に向けた人的資本に関する開示は制度開示ではなく自主的な開示が主であった。一方で、欧米においては先行して人的資本に関する制度開示が進められてきた。

EU域内においては、非財務情報開示指令（NFRD）が2018年に施行されているとともに、これを改訂した企業サステナビリティ報告指令（CSRD）が企業の規模によっては2024年1月1日以降に開始する会計年度から適用される。なお、NFRD、CSRDはいずれもEU指令（Directive）であり、EU規則（Regulation）ではないため、適用の際にはEU各国の国内法に落とし込む手続が必要である。

(1) 非財務情報開示指令（NFRD）

EU域内において、2014年にNFRDが公表され、2018年から施行されている。NFRDは従業員が500人超の上場会社（貸借対照表計上額2,000万ユーロ超、売上高4,000万ユーロ超のいずれかを満たす企業に限る）、銀行、保険会社などを対象としている。NFRDの対象企業は、ESG（少なくとも環境保護、社会的責任、従業員待遇、人権尊重、腐敗防止と贈収賄防止、取締役会の多様性等の事項を含む）に関連する、事業を理解するうえで必要な非財務情報（図表2－4）を経営報告書で開示することが求められており、人的資本に関連する開示も必要であると解釈できる。また、第1節で解説したGRIスタンダードや国際統合報告フレームワーク、TCFD提言のような国際的な開示基準に準拠している場合は、どの基準に準拠しているのかを開

図表2－4　NFRDで求められるESGに関する開示事項

①	事業のビジネスモデルの概要
②	ESG事項に関する企業の方針（デューデリジェンスプロセスを含む）
③	②の方針の成果
④	事業におけるESG事項に関連するリスク（当該リスクのマネジメント方法等を含む）
⑤	特定のビジネスに関連する非財務KPI

（出所）　EU法令等より大和総研作成

示することも求められる。

2017年に欧州委員会はNFRDの対象企業に向けて拘束力のないガイドラインを公表している。当該ガイドラインでは、情報開示のうえで考慮すべき原則として、①重要性、②公平性、③包括的かつ簡潔、④戦略的かつフォワードルッキング、⑤ステークホルダーとの関係、⑥一貫性をあげている。これらの開示原則をふまえ、具体的にどのような開示項目が検討対象となりうるのかについて例示している（図表2－5）。たとえば、事業のリスクについては、サプライチェーンや下請企業における人権、労働、環境保護に関連するリスク、潜在的な負の影響をどのように管理、軽減するかについての開示が検討できるとされている。ESGの定義についても言及されており、たとえば、社会的責任や従業員の問題に関しては、多様性の問題、雇用問題、人的資本管理、職場での健康と安全などが含まれうるとされている。あくまでも拘束力のないガイドラインであるが、EU域内ではこれを参考にし、NFRDで求められる人的資本に関する開示が行われている。

⑵　企業サステナビリティ報告指令（CSRD）

EU域内では、NFRDがCSRDに改訂され、早ければ2024年1月1日以降に開始する会計年度から適用される。CSRDへの改訂により、対象企業

図表２－５　NFRDのガイドラインにおけるESGに関して検討対象となりうる開示項目

	開示内容の例
ビジネスモデル	・外部環境 ・組織と構造 ・事業を展開する市場 ・事業の目的と戦略 ・将来のビジネスに影響を与える要因など
企業の方針	・事業の目的を達成するための計画 ・計画を実施するためのアプローチ ・経営陣と取締役会の責任と決定 ・リソースの割当てと目的、リスク管理、意図した結果との関連性 ・実施されたデューデリジェンスプロセスに関する重要な情報 ・悪影響を防止、軽減するための決定 ・プロセスの機能
方針の成果	・財務情報と非財務情報の関連性 ・両者に対する長期的なマネジメント
事業のリスク	・企業の業務に関連する事項に係る主要なリスク ・企業がリスクを管理、軽減する方法 ・主なリスクがビジネスモデルや財務に与える影響 ・リスクの特定、評価の方法
非財務KPI	・関連するESG事項を評価、管理するための指標、目標

（出所）欧州委員会（2017）“Guidelines on non-financial reporting”より大和総研作成

の範囲拡大、第三者保証の要求、開示内容の詳細化、の大きく分けて３つが行われる。

まず、対象企業の範囲については、NFRDが従業員500人超の上場会社（貸借対照表計上額2,000万ユーロ超、売上高4,000万ユーロ超のいずれかを満たす企業に限る）などが対象であったのに対して、CSRDは上場会社（従業員10人以下、貸借対照表計上額35万ユーロ以下、売上高70万ユーロ以下のうち、

図表2－6　CSRDで求められるサステナビリティに関する開示事項

①	ビジネスモデルと戦略	サステナビリティリスクに対する企業のビジネスモデルと戦略のレジリエンス
		サステナビリティに関する事業の機会
		ビジネスモデルと戦略が下記を両立することを確実にするための、行動計画や財務・投資計画を含む事業計画 ・パリ協定での1.5℃目標や2050年までのカーボンニュートラル目標など ・持続可能な経済への移行
		企業のビジネスモデルと戦略において、ステークホルダーの利益とサステナビリティに対する企業の影響がどのように考慮されているか
		サステナビリティに関して企業の戦略がどのように実施されているか
②	目標	企業が設定したサステナビリティ関連の期限付目標（温室効果ガス排出量の目標を設定することが適切な企業については、少なくとも2030年と2050年の温室効果ガス排出量絶対値の削減目標を含む）
		上記目標の達成に向けた企業の進捗状況
		（環境に関連する企業の目標が）決定的な科学的証拠に基づいているかどうかの説明
③	ガバナンス	サステナビリティに関するガバナンス機関の役割
		上記役割の遂行に関連する専門知識とスキル
		ガバナンス機関が専門知識とスキルにアクセスできることの説明
④	方針	サステナビリティに関する企業の方針
⑤	インセンティブ	ガバナンス機関のメンバーに提供される、サステナビリティに関するインセンティブスキームの存在に関する情報
⑥	影響への対処	サステナビリティに関して企業が実施するデューデリジェンスプロセス（デューデリジェンスプロセスの実

		施に関するEUの要件に該当する場合、それに沿ったもの)
		自社の事業、製品、サービス、取引関係、サプライチェーンを含む、バリューチェーンに関連する実質的・潜在的な悪影響
		影響を特定・モニタリングするためにとられた措置
		デューデリジェンスプロセスを実施する企業に関する他のEUの要件に従って、企業が特定する必要があるその他の悪影響
		実質的・潜在的な悪影響を防止、軽減、修復、終結させるために企業が講じた措置、およびそのような措置の結果
⑦	リスク	サステナビリティに関する主要なリスクの説明(サステナビリティ事項への企業の主な依存関係、および企業がそれらのリスクをどのように管理するかを含む)
⑧	指標	上記の各事項に関連する指標

(出所) EU法令等より大和総研作成

2つ以上を満たす零細企業を除く)または大企業(従業員250人超、貸借対照表計上額2,000万ユーロ超、売上高4,000万ユーロ超のうち、2つ以上を満たす企業)などが対象となる。

第三者保証の要求については、NFRDが監査人による意見表明等が不要であったのに対して、CSRDでは開示に関する限定的保証業務に基づいた意見表明が必要とされている。

開示内容については、NFRDよりも開示事項が細かく定められている。具体的には、サステナビリティ事項(環境、社会、従業員の問題、人権尊重、腐敗防止、贈収賄防止を含む、環境、社会、人権、ガバナンスに関する事項)、および当該事項が事業の発展、業績、ポジションにどのように影響するかを理解するために必要な情報を経営報告書(management report)に含めるとされている(図表2-6)。

図表２－７　「ESRS S1 自社の労働者」の概要

ステークホルダーの関心・見解	・自社の労働者の利益、考え、人権の尊重を含む権利が、自社の戦略とビジネスモデルにどのように影響するか
重要な影響、リスク、機会およびそれらと戦略・ビジネスモデルの相互作用	・自社の労働者に関する重要な影響、リスク、機会の特定、評価のプロセス ・自社の労働者に関する重要な影響、リスク、機会と、戦略、ビジネスモデルの相互関係　など
自社労働者に関する方針	・労働者に関する重要な影響、リスク、機会の管理に関する方針　など
自社労働者との影響に関する対話のプロセス	・対話のプロセス、頻度、方法　など
負の影響を是正するプロセス、労働者が懸念を提起するチャネル	・苦情相談のチャネル　など
労働者への重大な影響、リスク、機会に対する措置とその有効性	・労働者への重大な悪影響を防止、軽減、是正するための行動計画　など
影響、リスク、機会の管理に関する目標	・労働者への悪影響を軽減する、プラスの影響を与える、重要なリスクと機会を管理するための目標　など
従業員の特徴	・男女別、地域別、区分別の労働者数、離職率　など
非従業員の自社労働者（注１）の特徴	・労働者数　など
団体交渉の範囲	・団体交渉協定の対象となる自社従業員の割合　など
多様性指標	・トップマネジメント層の性別分布　など
適切な賃金	・自社の労働者に適切な貸金が支払われているかどうか　など
社会的保護	・労働者が主要なライフイベント（病気、出

	産など）による収入の喪失に対する社会的保護によってカバーされているかどうかなど
障がい者	・労働者に占める障がい者割合　など
研修・スキル開発指標	・平均研修時間　など
安全衛生指標	・労働災害件数　など
ワークライフバランス指標	・家族関連の休暇をとる資格のある従業員の割合　など
報酬指標	・女性と男性の間の貸金格差 ・Pay Ratio など
事件、苦情、重大な人権への影響	・ハラスメントを含む差別事件の総数　など

（注１）　主に「雇用活動」に従事する企業によって提供される労働者などを指す。
（注２）　上記は開示事項のすべてを網羅したものではない。
（注３）　企業の従業員数や重要性によって各開示項目の要否が異なる。
（注４）「ステークホルダー」～「目標」までは、「ESRS S2バリューチェーンの労働者」の基準においても開示が求められている。
（出所）　EFRAG“Draft ESRS S1 Own workforce”より大和総研作成

CSRDで求められる開示を行う際には、欧州サステナビリティ報告基準（ESRS）に沿った開示を行う必要がある。ESRSでは、全般的な開示の原則や要件を定めているほか、環境、社会、ガバナンスのそれぞれについて、テーマ別の開示事項が定められている。そのなかには、「ESRS S1 自社の労働者」や「ESRS S2 バリューチェーンの労働者」といった人的資本に関する開示事項を設定した基準もある（図表２－７）。

CSRDは2023年１月に発効しており、企業の種類ごとに段階的に適用される（図表２－８）。たとえば、日本企業にCSRDが適用されるケースを想定すると、日本企業（もしくはその子会社）がEU域内市場で上場している場合は、その規模によって、2024年、2025年、2026年以降に開始する会計年度から、CSRDが適用される。また、日本企業のEU域内子会社が大企業に該当する場合には、2025年以降に開始する会計年度から、CSRDが適

図表２－８　CSRDの対象企業と適用時期

企業の種類		適用時期
①	NFRD対象企業	2024年以降に開始する会計年度
②	①を除く大企業	2025年以降に開始する会計年度
③	①、②を除く上場会社 （零細企業を除く）	2026年以降に開始する会計年度
④	EU域外企業で、EU域内での売上高が１億5,000万ユーロ超であり、下記の条件を満たす (i)　EU域内子会社が上場会社または大会社 (ii)　EU域内の支店によるEU域内での売上高が4,000万ユーロ超	2028年以降に開始する会計年度

（出所）　法令等より大和総研作成

用される。これらの場合には、子会社については単体ベースでの開示が求められる。そのほか、日本企業が図表２－８の④を満たし、CSRDが域外適用される場合には、2028年以降開始する会計年度から、連結ベースでCSRDに沿った開示が求められる。

2　米国における開示制度

米国においては、2020年８月に米国証券取引委員会（SEC）が記述情報の開示に関する規制であるRegulation S-K Item 101を改正し、人的資本に関する情報をForm 10-Kで開示することが求められている。上場会社は「事業の説明」において、事業の理解に重要な人的資本に関する情報を開示することとされている。具体的には、従業員数を含む人的資本についての説明、経営において重視する人的資本の指標・目標（たとえば、自社の事業や労働力の性質に応じて、人材開発、誘致、維持に対応するための施策や目的など）の開示が求められている。

このように米国では開示すべき項目が一部例示されているのみで、具体的な設定はされておらず、開示内容の詳細は企業の判断に委ねられている。2021年には従業員の構成やスキル、健康などの詳細な項目の開示を求める法案が審議にかけられていたが、2023年8月時点において審議の行方はまだ見通せない。

3　国際サステナビリティ基準審議会（ISSB）による国際的な基準の策定

(1)　ISSBの設立と基準の策定

第1節で述べたとおり、従来企業は自主的に人的資本に関する情報を含むサステナビリティ情報の開示を行っており、その際GRIスタンダードや国際統合報告フレームワークなどの開示基準を参考にしてきた。しかし、参考にされる基準が異なることによって、企業間で開示される情報も異なってしまうという問題もあった。また、法令諸規則によって開示が求められている場合でも、法域ごとの規制の違いによって開示項目が異なる。

こうした状況をふまえ、2021年11月、国際会計基準（IFRS）の設定にかかわるIFRS財団は、国際サステナビリティ基準審議会（ISSB）の設立を公表した。ISSBは既存のサステナビリティ情報の開示基準を統一しつつ、国際的に比較可能な情報を開示するための基準の策定を行っている。

ISSBは2023年6月、「IFRS S1 サステナビリティ関連財務情報の開示に関する全般的要求事項」「IFRS S2 気候関連開示」の2つの基準を最終化した。両基準はISSBにおける最初のサステナビリティ情報開示基準である。このうち、IFRS S1は、企業に対して、投資家の投資判断などに役立つ、サステナビリティ関連のリスクと機会に関する情報の開示を求めている。サステナビリティ全般に関する開示事項のほか、開示の場所やタイミングなど、ISSBの基準に沿ってサステナビリティ情報の開示を行う際の要件を定めている。一方、IFRS S2は、気候関連のリスクと機会に関する情報の開示にフォーカスした、テーマ別の基準である。主に気候関連の開示事項を定めたものである。

企業はISSBの基準に沿ってサステナビリティ情報を開示するうえでは、基本的にはIFRS S1を参照し、テーマ別の基準があるものに関しては、その基準に沿って情報を開示する。現時点ではテーマ別の基準は気候変動に関するIFRS S2しかないため、人的資本に関する情報開示をするうえでは、IFRS S1に基づいて開示を行うこととなる。

IFRS S1は、投資家などの意思決定に資するサステナビリティ関連のリスクと機会に関する情報の開示を企業に要求している。また、開示する情報に関しては、企業の見通しに影響を与えることが合理的に予想されるサステナビリティ関連のリスクと機会に関する重要な情報とされている。

さらに、開示の場所に関しては、一般目的財務報告の一部としてISSBの基準で求められる開示を行わなければならないとされている。そして、関連する財務諸表と同時に、同じ報告期間を対象とするサステナビリティ情報を開示する。人的資本に関する情報を開示する際もこれらの要件などに沿った開示を行う必要がある。

IFRS S1で開示が求められる項目はサステナビリティに関する「ガバナンス」（ガバナンス機関の情報や経営陣の役割など）、「戦略」（リスクや機会のビジネスモデルや戦略、財務への影響など）、「リスク管理」（リスク管理のプロセスなど）、「指標と目標」（指標と目標の内容など）の４つに大きく分けられる。それぞれについて、詳細な情報の開示が求められる。

IFRS S1、IFRS S2は2024年１月１日以後開始する会計年度から発効する（早期適用可）。ただし、わが国の企業に適用されるか否かはわが国の当局が判断することであるため、2024年度から日本企業にIFRS S1の適用が求められるわけではない。しかし、第３節で後述するとおり、ISSBの基準をふまえた日本版の基準の策定が検討されており、将来的には適用されることも考えられる。ISSBの基準に沿った人的資本に関する情報の開示も想定し、動向を注視する必要があるだろう。

⑵　ISSBが新たな基準の候補として人的資本や人権を提案

ISSBは今後２年間のアジェンダの優先度に関する意見募集（“Request for Information Consultation on Agenda Priorities”）を2023年５月に公表した（意見募集の期限は2023年９月１日）。意見募集では、作業計画の１つとしてIFRS S1、IFRS S2に続く新たなテーマのリサーチ、新たな開示基準の開発をあげている。なかでも特に優先度の高いプロジェクトとして、①生物多様性、生態系、生態系サービス、②人的資本、③人権、④報告における統合、を候補として提案している。仮に意見募集の結果、人的資本の優先度が高いとされた場合には、人的資本に関するテーマ別の基準の策定が進められうる。

候補の１つである人的資本に関するプロジェクトについて、意見募集のなかで、企業の労働力の管理と労働力への投資は、長期的な価値提供能力に直接影響するとされている。人的資本に関する情報への投資家のニーズは大きいが、ビジネスモデルや法域ごとのリスク・機会の違い、データの利用可能性、職場文化などの測定のむずかしさといった課題も考えられている。そのほか、人的資本に関するサブトピックとして、①ウェルビーイング、②多様性・公平性・包摂性（DEI)、③従業員エンゲージメント、④労働力への投資、⑤代替労働力、⑥バリューチェーンにおける労働条件、⑦労働力の構成とコスト、が示されており、これらについての開示事項が設定される可能性も想定される。

また、人権に関するプロジェクトについては、人権に関するリスクが顕在化した場合に企業の財務に与える影響は大きく、人権に関する情報も人的資本と同様に投資家からのニーズは大きいが、やはり測定のむずかしさなどの課題もある。

さらに、人権と人的資本は深くつながっているため、両者のつながりについては注意深く検討する必要があるだろう。たとえば、人的資本に関するサブトピックの１つとして、バリューチェーンにおける労働条件があげられていたが、これはたとえば強制労働や児童労働といった人権にかかわる問題と考えられる。ISSBが意見募集で提案している人的資本、人権に関するプロジェクトは、両者の境界やつながりを明確にすることも含まれる。ISSBの動向をみつつ、企業の開示においても人的資本と人権の課題の整理にも留意する必要があるだろう。

また、ISSBの本プロジェクトの実行にあたっては既存の開示基準設定機関の資料などが参考にされうる。第１節で紹介したGRIスタンダードや国際統合報告フレームワークなどの開示基準をチェックしておくことも、今後の国際的な開示基準への対応を考えていくうえでは有効であると考えられる。

さらに注意すべき点として、意見募集では４つ目のプロジェクトに「報告における統合」があげられている。報告における統合とは、投資家などがより理解しやすい方法で、財務パフォーマンスとサステナビリティパフォーマンスの関連性を明示的、効率的、効果的に伝えることを可能とすることを検討するものである。たとえば人的資本についても、将来的には財務情報と結びつけた開示が求められうる。人的資本に関するリスクや人的資本への投資が財務状況にどれだけの影響を与えるのか、もしくは人的資本の企業における価値について、明確化して投資家に伝えることが必要になる未来を想定して、積極的な開示の拡充を行っていくことが期待される。

第3節

日本における人的資本の開示義務化

1　コーポレートガバナンス・コードにおける人的資本

第１節では、従来はわが国において人的資本に関する開示について詳細な開示を求める法令諸規則はなく、企業の自主的な開示に委ねられていることを解説した。しかし、国際的な人的資本に関する開示拡充などの動向をふまえ、国内においても法令諸規則で人的資本に関する開示が拡充されている。

その１つとして、東京証券取引所のコーポレートガバナンス・コード（CGコード）があげられる。CGコードでは、上場会社に対して実施、もしくは実施しない理由の説明（コンプライ・オア・エクスプレイン）が求められる。2021年６月にCGコードが改訂され、サステナビリティに関する規定が新たに盛り込まれた（図表２－９）。CGコードの改訂と同時に、「『フォローアップ会議の提言をふまえたコーポレートガバナンス・コードの一部改訂に係る上場制度の整備について（市場区分の再編に係る第三次制度改正事項）』に寄せられたパブリック・コメントの結果について」（以下、CGパブコメ回答）が公表されており、こちらも参考に求められている対応を解説する。

まず、「基本原則２　考え方」でサステナビリティに関する国際的な動向をふまえ、企業が中長期的な価値向上のためにサステナビリティ課題への対応に取り組んでいくことの重要性がより強調されている。補充原則２－３①では、特に、人権の尊重や従業員の健康・労働環境への配慮や公正・適切な処遇といった人的資本に関する項目を含め、対応すべき具体的

図表2－9　サステナビリティに関するCGコードの2021年改訂内容

【基本原則2　考え方】

（前略）また、「持続可能な開発目標」（SDGs）が国連サミットで採択され、気候関連財務情報開示タスクフォース（TCFD）への賛同機関数が増加するなど、中長期的な企業価値の向上に向け、サステナビリティ（ESG要素を含む中長期的な持続可能性）が重要な経営課題であるとの意識が高まっている。こうした中、我が国企業においては、サステナビリティ課題への積極的・能動的な対応を一層進めていくことが重要である。（後略）

【補充原則2－3①】

取締役会は、気候変動などの地球環境問題への配慮、人権の尊重、従業員の健康・労働環境への配慮や公正・適切な処遇、取引先との公正・適正な取引、自然災害等への危機管理など、サステナビリティを巡る課題への対応は、リスクの減少のみならず収益機会にもつながる重要な経営課題であると認識し、中長期的な企業価値の向上の観点から、これらの課題に積極的・能動的に取り組むよう検討を深めるべきである。

【補充原則2－4①】

上場会社は、女性・外国人・中途採用者の管理職への登用等、中核人材の登用等における多様性の確保についての考え方と自主的かつ測定可能な目標を示すとともに、その状況を開示すべきである。

また、中長期的な企業価値の向上に向けた人材戦略の重要性に鑑み、多様性の確保に向けた人材育成方針と社内環境整備方針をその実施状況と併せて開示すべきである。

【補充原則3－1③】

上場会社は、経営戦略の開示にあたって、自社のサステナビリティについての取組みを適切に開示すべきである。また、人的資本や知的財産への投資等についても、自社の経営戦略・経営課題との整合性を意識しつつわかりやすく具体的に情報を開示・提供すべきである。

特に、プライム市場上場会社は、気候変動に係るリスクおよび収益機会が自社の事業活動や収益等に与える影響について、必要なデータの収集と分析を行い、国際的に確立された開示の枠組みであるTCFDまたはそれと同等の枠組みに基づく開示の質と量の充実を進めるべきである。

【補充原則4－2②】

取締役会は、中長期的な企業価値の向上の観点から、自社のサステナビリティを巡る取組みについて基本的な方針を策定すべきである。

また、人的資本・知的財産への投資等の重要性に鑑み、これらをはじめとする経営資源の配分や、事業ポートフォリオに関する戦略の実行が、企業の持続的な成長に資するよう、実効的に監督を行うべきである。

（注） 下線部が2021年６月改訂箇所（筆者付加）。
（出所） 東京証券取引所「コーポレートガバナンス・コード」

なサステナビリティをめぐる課題の内容が例示されている。ただし、CGパブコメ回答においては、サステナビリティに関する要素は、例示されているものに限られず、全企業に共通するものもあれば、各企業の事情に応じて異なるものも存在し、各社が主体的に自社の置かれた状況を的確に把握して個別に判断していくものとされている。人的資本についても、各社がその重要性に鑑みて対応を検討していくことが求められている。

人的資本に関しては、ダイバーシティも１つの課題としてあげられる。補充原則２－４①では、中核人材の登用等における多様性に関する考えやKPIを開示するとともに、多様性の確保に向けた人材育成方針と社内環境整備方針をその実施状況とあわせて開示すべきとされている。ここでいう多様性にはジェンダーのほか、国籍や経歴が該当するが、CGパブコメ回答ではこれに限られず、企業によってたとえば年齢などの他の要素も加えることが考えられている。各企業で経営方針・戦略に沿ったダイバーシティの方針やKPIを検討、開示していくことが求められている。

さらに、補充原則３－１③では、サステナビリティへの取組みを適切に開示すべきとされている。特に、人的資本や知的財産への投資等についても、自社の経営戦略・経営課題との整合性を意識しつつわかりやすく具体的に情報を開示・提供すべきと、人的資本に関する開示が別建てで求められている。これは、CGコードについて検討を行う会議において、持続的な成長や企業価値の向上の観点から、人的資本への投資の重要性に関する意見が多くみられたためである。CGパブコメ回答では、投資家等関係者にわかりやすいように目標に向けた進捗がわかるような開示をすることが有益とされており、また、国際的な指針や規範を活用することも考えられている。制度開示においても国際的な比較可能性を意識し、たとえば開示基準を参考にするなど投資家の投資判断に資する開示を行うことが重要であることが再確認できる。

そのほか、補充原則４－２②では、取締役会がサステナビリティに関する方針や人的資本・知的財産への投資をはじめとした経営資源の配分、戦略について監督を行うべきとされている。すでに確認したとおり、人的資本を含むサステナビリティへの取組みにおいて、ガバナンス機関の役割や監督の実効性の重要度は高く、国際的な開示基準や他国の制度においてもその内容の開示が求められていた。わが国においてもサステナビリティに対するガバナンスの実効性を確保するとともに、投資家に向けて開示を行っていく必要があろう。

なお、CGコードは上場会社の行動原則であるが、機関投資家の行動原則であるスチュワードシップ・コード（SSコード）も存在する。CGコードが上場会社の「攻め」のガバナンスを促し、SSコードが機関投資家と企業の間の建設的な対話を促すことで、企業の持続的な成長を目指している。SSコードでは、人的資本そのものには触れられていないが、機関投資家が企業との建設的な対話においてサステナビリティを考慮することを通じて、中長期的な企業価値の向上や企業の持続的成長に結びつけていくことを意識すべきと言及されている。投資家がサステナビリティを考慮するうえでは、企業による情報開示が必要であるため、やはりCGコードを参考に上場会社が積極的に開示に取り組んでいくことが肝要であるといえる。

上場会社はCGコードによって人的資本に関する情報開示が求められているが、CGコードは上場会社が従うべき原則であり、法令ではない。コンプライ・オア・エクスプレイン（各原則を実施するか、実施しない場合はその理由を説明する）が採用されており、企業によっては、たとえば人的資本に関する開示を行わず、その理由を説明する場合も想定される。仮にCGコードで求められることについて、コンプライ・オア・エクスプレインを行わなかった場合、東京証券取引所の有価証券上場規程違反として公表措置等が課される場合はあるが、法的な罰則が直ちに科されるものではない。

しかし、国際的に人的資本に関する開示の義務化が進んでいることからもわかるとおり、人的資本を重視した経営を行っていくことは企業の中長期的な価値を向上させていくうえで無視できないものであり、その取組みを開示することは投資家の投資判断にとって欠けてはならないものと考えられる。こうした状況もふまえ、次項で後述する、法令に基づく開示である有価証券報告書への対応とあわせて、開示に向けた取組みを行っていく必要がある。

2　有価証券報告書における開示の拡充

2021年6月のCGコード改訂の後、法令に基づく有価証券報告書においてサステナビリティ情報の開示を求めることが、2021年度の金融庁金融審議会ディスクロージャーワーキング・グループ（DWG）において検討された。この検討の結果をふまえ、2022年11月7日に「企業内容等の開示に関する内閣府令」等の改正案が公表され、意見募集が行われた。そして2023年1月31日、「企業内容等の開示に関する内閣府令等の一部を改正する内閣府令」（改正開示府令）が公布・施行された。また、あわせて「企業内容等の開示に関する留意事項について（企業内容等開示ガイドライン）」の改正（改正開示ガイドライン）、「記述情報の開示に関する原則（別添）―サステナビリティ情報の開示について―」（サステナビリティ情報開示原則）も公表・適用された。改正開示府令の公表の際には、改正案に寄せられた意見とそれに対する金融庁の回答である「『企業内容等の開示に関する内閣府令の一部を改正する内閣府令（案）』に対するパブリックコメントの概要及びコメントに対する金融庁の考え方」（以下、有報パブコメ回答）も公表された。

改正開示府令は2023年３月31日以後終了する事業年度に係る有価証券報告書等から適用されており、すでに多くの企業で開示が行われている。

図表２－10　改正開示府令による有価証券報告書における開示拡充の概要

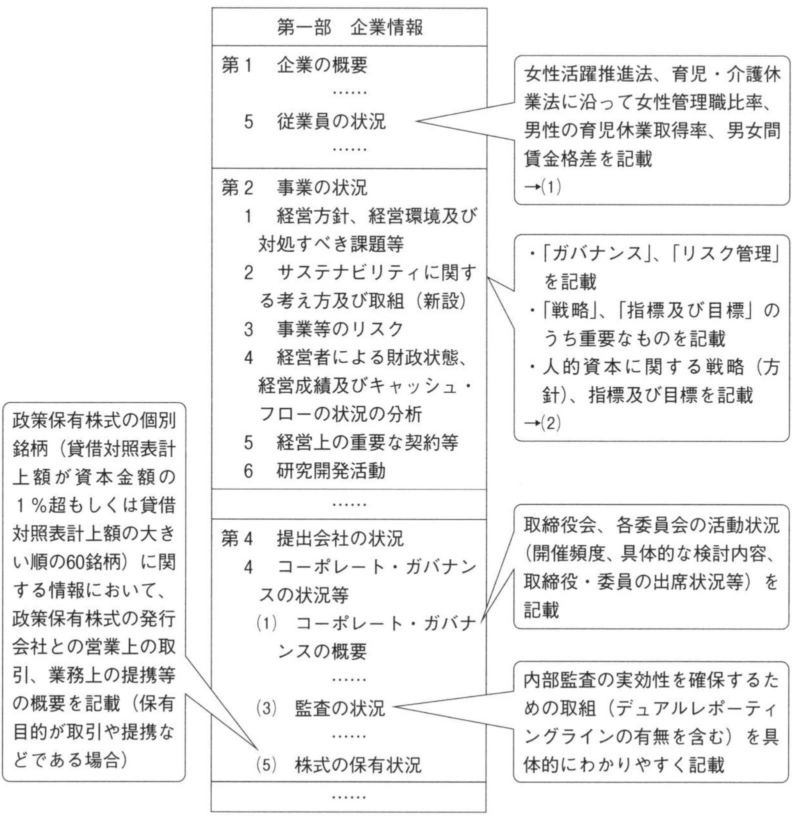

（注）　女性活躍推進法は「女性の職業生活における活躍の推進に関する法律」、育児・介護休業法は「育児休業、介護休業等育児又は家族介護を行う労働者の福祉に関する法律」のことを指す。以下同様。

（出所）「企業内容等の開示に関する内閣府令等の一部を改正する内閣府令」より大和総研作成

図表２－11　有価証券報告書における「従業員の状況」

①	当連結会計年度末現在の連結会社における従業員数（セグメント情報と関連付けて） 提出会社の当連結会計年度末現在の従業員数（セグメント情報と関連づけて）、平均年齢、平均勤務年数、平均年間給与（賞与を含む）
②	連結会社または提出会社の当連結会計年度末までの１年間における臨時従業員の平均雇用人員（外書きで記載） （臨時従業員が相当数以上ある場合のみ） （臨時従業員の総数が従業員数の10％未満であるときは記載を省略可能）
③	当連結会計年度末までの１年間における下記の事項を簡潔に記載 ・連結会社または提出会社の従業員の人員に著しい増減があった場合にはその事情 ・労働組合との間に特記すべき事項等があった場合にはその旨
④	当事業年度の提出会社、その連結子会社それぞれにおける管理職に占める女性労働者の割合 （女性の職業生活における活躍の推進に関する法律（女性活躍推進法）の規定による公表をしない場合は省略可）
⑤	当事業年度の提出会社、その連結子会社それぞれにおける男性の育児休業取得率 （女性活躍推進法の規定による公表をしない、かつ、育児休業、介護休業等育児又は家族介護を行う労働者の福祉に関する法律（育児・介護休業法）の規定による公表をしない場合は省略可）
⑥	当事業年度の提出会社、その連結子会社それぞれにおける労働者の男女の賃金の差異 （女性活躍推進法の規定による公表をしない場合は省略可）

（注１）　④～⑥が改正開示府令で新たに求められている項目である。

（注２）　連結子会社のうち主要な連結子会社以外のものに係る④～⑥については、有価証券報告書の「第一部　企業情報」の「第７　提出会社の参考情報」の「２　その他の参考情報」に記載することができる。この場合、その箇所を参照する旨を記載する。

（注３）　⑥を記載するにあたっては、労働者の人員数について労働時間を基に換算し算出している場合には、その旨を注記する。

（出所）「企業内容等の開示に関する内閣府令等の一部を改正する内閣府令」「企業内容等の開示に関する留意事項について（企業内容等開示ガイドライン）」より大和総研作成

改正開示府令の概要は図表２－10のとおりである。このなかでも、人的資本に関連する、⑴従業員の状況、⑵サステナビリティに関する考え方及び取組、について解説する。

⑴　従業員の状況

第１節で先述のとおり、有価証券報告書の「従業員の状況」において、セグメントごとの従業員数（連結・単体)、平均年齢、平均勤続年数、平均年間給与、臨時従業員数や労働組合との間の特記事項の開示が求められている（図表２－11の①～③)。改正開示府令ではこれに加えて、新たに女性管理職比率、男性の育児休業取得率、男女間賃金格差を記載することが求められている。ただし、これらの事項を開示する際には、「女性の職業生活における活躍の推進に関する法律」(女性活躍推進法)、「育児休業、介護休業等育児又は家族介護を行う労働者の福祉に関する法律」(育児・介護休業法）に沿った開示が求められ、提出会社がこれらの法令の規定による公表を行っていない場合、開示義務はない。

女性活躍推進法、育児・介護休業法ではどのようなかたちで開示が求められるのだろうか。まず、女性活躍推進法では、一般事業者に対して、常時雇用する労働者（常用労働者）の数によって以下のとおり各事項の開示が求められる。情報の開示は、おおむね１年に１回以上、インターネットなどで、女性の求職者が容易に閲覧できるように行わなければならない。

図表２－12にあげた項目のうち、下記の企業分類ごとに指定された項目を開示

○常用労働者数300人超

⒜の①～⑧のうち１つ以上、⒜の⑨、⒝の(1)～(7)のうち１つ以上、の計３項目以上

○常用労働者数100人超300人以下

⒜の①～⑨、もしくは⒝の(1)～(7)のうち、いずれか１つ以上

○常用労働者数100人以下

(A)の①〜⑨、もしくは(B)の(1)〜(7)のうち、いずれか1つ以上（努力義務）

また、育児・介護休業法では、常時雇用する労働者数が1,000人超の事業主は、毎年少なくとも1回、インターネットの利用その他の適切な方法により、育児休業の取得の状況について公表をすることが義務づけられている。具体的には、以下のいずれかの情報を公表することとされている(改正開示ガイドラインで、有価証券報告書において下記のいずれかの情報を開

図表2−12　女性活躍推進法で一般事業者に開示が求められる項目

(A) 女性労働者に対する職業生活に関する 機会の提供に関する実績		(B) 職業生活と家庭生活の両立に資する 雇用環境の整備に関する実績	
①	採用した労働者に占める女性労働者の割合	(1)	男女の平均継続勤務年数の差異
②	男女別の採用における競争倍率	(2)	10事業年度前およびその前後の事業年度に採用された労働者の男女別の継続雇用
③	労働者に占める女性労働者の割合	(3)	男女別の育児休業取得率
④	係長級にある者に占める女性労働者の割合	(4)	労働者の一月当たりの平均残業時間
⑤	管理職に占める女性労働者の割合	(5)	雇用管理区分ごとの労働者の一月当たりの平均残業時間
⑥	役員に占める女性の割合	(6)	有給休暇取得率
⑦	労働者の男女別の職種または雇用形態の転換実績	(7)	雇用管理区分ごとの有給休暇取得率
⑧	男女別の再雇用または中途採用の実績		
⑨	男女の賃金の差異		

(注1) (A)の①〜③、⑦、(B)の(3)、(5)、(7)については、雇用管理区分ごとに公表を行うことが必要。
(注2) (A)の③、⑦、(B)の(5)については、派遣労働者を含めて公表を行うことが必要。
(注3) (A)の⑨については、正規雇用労働者、パート・有期社員（非正規雇用労働者)、すべての労働者の区分ごとに公表を行うことが必要。
(出所) 女性活躍推進法等より大和総研作成

示する場合には、どちらの方法で算出したものなのかを明示することとされている)。

公表前事業年度（公表を行う日の属する事業年度の直前の事業年度）において、
雇用する男性労働者のうち育児休業等を取得したものの数

公表前事業年度において、雇用する男性労働者のうち
配偶者が出産したものの数

もしくは、

公表前事業年度において、(雇用する男性労働者のうち育児休業等を取得したものの数 ＋ 小学校就学の始期に達するまでの子を養育する男性労働者を雇用する事業主が講ずる育児を目的とした休暇制度（育児休業等、子の看護休暇を除く）を利用したものの数)

公表前事業年度において、雇用する男性労働者のうち
配偶者が出産したものの数

以上をふまえると、有価証券報告書での多様性に関する各項目の開示は、次のような提出会社は省略可だと解釈できる。たとえば、常用労働者数が50人であり、女性管理職比率、男性の育児休業取得率、男女間賃金格差のいずれも公表していない場合は、有価証券報告書に各項目を記載する必要はない。

- ✓常用労働者数が女性活躍推進法や育児・介護休業法の情報公表義務の対象となる人数以下であるため、各項目を公表しない
- ✓女性活躍推進法に関して、女性管理職比率や男性の育児休業取得率を開示項目として選択せず、公表しない

一方で、改正開示ガイドラインでは、多様性に関する情報の開示にあたっては任意の追加的な情報を記載することもできるとされている。投資

家の投資判断に資すると考える情報については開示を検討することも考えられる。たとえば、女性活躍推進法に基づいて算出する男女間賃金格差を有価証券報告書においても開示するうえで、賃金の差異について的確に理解されるように、任意でより詳細な情報や補足的な情報を記載することも可能であることが有報パブコメ回答で指摘されている。男女間賃金格差を開示する際に、その水準だけでなく差異の要因を含めて開示することが投資家・提出会社の両者にとって重要となりうる。同一労働同一賃金に取り組む企業においても、同じ職種や階級の男女比が異なれば、男女間の総計賃金に差異は生じてしまう。賃金の差異が職種によるものなのか、階級によるものなのか、投資家の理解を深めるために職種や階級ごとの女性労働者の割合などを開示することも考えられる。どのような開示を行うことがより適切であるかについて、投資家との対話を密に行いながら検討を深めていくことが重要である。

ここまで示したとおり、企業は女性活躍推進法、育児・介護休業法に沿って公表した情報を有価証券報告書にも記載するが、その際に注意すべき点として、子会社も含むグループ全体、つまり連結ベースの情報を開示するのか、提出会社単体の情報を開示するのかということがあげられる。サステナビリティ情報開示原則では、「多様性に関する指標については、投資判断に有用である連結ベースでの開示に努めるべき」と言及されている。ただし、これは法令上の義務ではないため、単体ベースでの開示も認められている。有報パブコメ回答を参考にすると、連結・単体ベースのデータの有用性や海外子会社を有する場合における負担などを考慮することになろう。

また、連結ベースでの開示を検討する場合には、連結の範囲を考える必要がある。たとえば、連結財務諸表規則に規定されている「連結会社」ベースで開示するほか、企業において投資家に有用な情報を提供する観点から、提出会社グループのうち、より適切な範囲を開示対象とすることも考えられる（有報パブコメ回答）。なお、独自の範囲を開示対象とする場合には、その範囲を明記することが重要となる。

さらに、従業員の状況の部分では、提出会社だけではなく、その連結子会社についても女性活躍推進法や育児・介護休業法に沿って算出した数値を個別に開示する必要がある（女性活躍推進法の対象外となる海外子会社については省略可）。たとえば、提出会社の常用労働者が100人以下で各項目を公表していない場合でも、連結子会社の常用労働者数が300人超で女性管理職比率などを公表している場合は、その連結子会社における各項目を有価証券報告書で開示する必要がある。もしくは、提出会社と連結子会社で公表している項目が異なる場合は、提出会社、連結子会社それぞれについて個別に公表している項目を開示することとなる。各企業においては、自社の従業員のデータだけではなく、連結子会社の従業員のデータについても把握し、常用労働者等の状況に応じて開示を検討することとなる。その際には、連結ベースでの開示も視野に入れ、投資家に資する開示を考えることが期待される。

(2) サステナビリティに関する考え方及び取組

改正開示府令によって、有価証券報告書に新たに「サステナビリティに関する考え方及び取組」の欄が追加されている。この欄では、当連結会計年度末現在における連結会社（連結財務諸表を作成していない場合には当事業年度末現在における提出会社）のサステナビリティに関する考え方、取組みの状況について、図表２－13のとおりに記載することが求められている。この欄での情報開示は、企業の中長期的な持続可能性に関する事項について、経営方針・経営戦略等との整合性を意識して説明するものとされている（サステナビリティ情報開示原則）。

ここでいう「サステナビリティ」の範囲についてサステナビリティ情報開示原則では、たとえば、環境、社会、従業員、人権の尊重、腐敗防止、贈収賄防止、ガバナンス、サイバーセキュリティ、データセキュリティな

図表２－13　サステナビリティに関する考え方及び取組について記載すべき情報

<table>
<tr><td>ガバナンス</td><td>サステナビリティ関連のリスク・機会を監視・管理するためのガバナンスの過程、統制、手続</td><td rowspan="2">左記をすべての提出会社が記載</td></tr>
<tr><td>リスク管理</td><td>サステナビリティ関連のリスク・機会を識別、評価、管理するための過程</td></tr>
<tr><td>戦略</td><td>短期、中期、長期にわたり連結会社の経営方針・経営戦略等に影響を与える可能性があるサステナビリティ関連のリスク・機会に対処するための取組</td><td rowspan="2">左記のうち、重要なものについて記載</td></tr>
<tr><td>指標及び目標</td><td>サステナビリティ関連のリスク・機会に関する連結会社の実績を長期的に評価、管理、監視するために用いられる情報</td></tr>
</table>

（出所）「企業内容等の開示に関する内閣府令等の一部を改正する内閣府令」より大和総研作成

どに関する事項が含まれうると考えられている。ただし、すべての項目を記載する必要はなく、各企業において重要性を判断して開示項目を判断することとなる（有報パブコメ回答）。

この欄でのサステナビリティに関する情報開示は、TCFD提言を参考に、「ガバナンス」「リスク管理」「戦略」「指標及び目標」の４つの軸で開示をする。ただし、サステナビリティに関して取組みの監督やリスク管理を行うための体制に係る「ガバナンス」「リスク管理」はすべての企業が開示をする必要がある一方で、「戦略」「指標及び目標」については重要なものについて開示をするという限定がされている。また、開示にあたっては必ずしもこの４つに明確に区分して記載する必要があるわけではなく、それぞれの項目立てをせずに一体として記載することも認められている（有報パブコメ回答）。なお、投資家が理解しやすいよう、４つの構成要素のどれについての記載なのかがわかるようにすることも有用だとされている点には注意したい。

図表2－14　人的資本について有価証券報告書で記載すべき情報

ガバナンス	—
リスク管理	—
戦略	人材の多様性の確保を含む人材の育成に関する方針、社内環境整備に関する方針 （たとえば、人材の採用・維持、従業員の安全・健康に関する方針等）
指標及び目標	上記の戦略で記載した方針に関する指標の内容、当該指標を用いた目標、実績

（出所）「企業内容等の開示に関する内閣府令等の一部を改正する内閣府令」より大和総研作成

先述のとおり、「サステナビリティに関する考え方及び取組」の欄では、サステナビリティ全般に関する開示が求められているが、気候変動や生物多様性など、どのテーマについて開示するかは企業の重要性の判断に委ねられている。しかし、人的資本に関しては、図表2－14のように別途義務的な開示が求められている。なお、サステナビリティ全般（図表2－13）の「戦略」「指標及び目標」のような「重要なものについて記載」という限定は規定されていない。

どのように、どのような方針や指標を記載すべきかについては、細かい規定はない。企業が柔軟な記載をできるようになっており、人的資本の指標および目標に関しても各企業の現在の取組状況に応じて記載することが考えられる（有報パブコメ回答）。各企業の取組状況に応じて、まずは開示初年度からスタートし、その後、投資家との対話をふまえ、自社の取組みの進展とともに、開示を充実させていくことが考えられる。

企業が人的資本に関する指標および目標を開示するうえでは、基本的には連結会社ベースで開示することが想定されている。ただし、義務ではない。連結グループにおける記載が困難である場合には、その旨を記載したうえで、たとえば主要な事業を営む会社単体（主要な事業を営む会社が複数ある場合にはそれぞれ）またはこれらを含む一定のグループ単位の指標および目標の開示を行うことも考えられている（有報パブコメ回答）。人材育成等について、連結グループの主要な事業を営む会社で関連する指標のデータ管理や具体的な取組みが行われているが、必ずしも連結グループに属するすべての会社では行われてはいない場合などに、こういった対応を行うことが考えられる。

また、有価証券報告書の他の箇所で記載した情報については、その旨を記載することによって、この欄での記載を省略することができる。たとえば、人的資本に関する開示を行ううえで、「指標及び目標」の１つとして女性管理職比率などを開示することも考えられるが、⑴で前述した「従業員の状況」での開示内容を参照し、この欄での開示を省略することができる（改正開示ガイドライン）。

さらに、有価証券報告書内だけでなく、統合報告書、コーポレートガバナンスに関する報告書、ウェブサイトなど、任意開示書類を参照することも可能である（改正開示ガイドライン）。ただし、有価証券報告書に記載すべき投資家が真に必要とする重要な情報はあくまでも有価証券報告書内で開示し、補完的な詳細情報について、任意開示書類の参照が可能とされている。なお、任意開示書類は有価証券報告書よりも遅れて公表されることも多いが、この開示時期のずれに関して、前年度の情報が記載された書類や将来公表予定の任意開示書類を参照することも考えられている（有報パブコメ回答）。その際、参照している書類と有価証券報告書の事業年度が一致していない旨を注記する、もしくは将来公表予定の任意開示書類の公表予定時期や公表方法、記載予定の内容等を記載するなど、工夫をすることが望ましい（有報パブコメ回答）。

3　わが国におけるさらなる人的資本の開示拡充

第１項や第２項では、わが国の法令諸規則の改正により、企業の人的資本に関する情報の開示が拡充されていることを確認した。ただし、人的資本に関する開示拡充はこれにとどまる話ではなく、今後もさらなる情報開示が求められることが想定される。

CGコードや改正開示府令における人的資本に関する開示は、第２節の海外における情報開示と比較すると、細かな記載事項は規定されていない。先述のとおり、ISSBは国際的なサステナビリティ情報開示のベースラインとなる開示基準を策定しており、今後のテーマのなかには人的資本や人権といったものもあげられている。ISSBの基準が国際的なベースラインとなれば、国際的な比較可能性を確保するために、わが国の企業もこれに対応する必要がある。しかし、ISSBは基準を策定する機関であり、一定の企業に対して基準に準拠することを求めているわけではない。ISSBの基準の適用を企業に対して要求するか否かは、あくまでも各国の当局が定めることである。

こうしたなか、わが国では2022年７月に財務会計基準機構（FASF）の下に、サステナビリティ基準委員会（SSBJ）が設立されている。SSBJはISSBの基準の開発への貢献とともに、国内のサステナビリティ開示基準の開発を行っていくことを目的とした機関である。SSBJはISSBの基準をふまえ、日本版の基準を策定していくとされており、策定された基準の開示事項が法令の改正を通じてわが国の有価証券報告書での開示に反映されると想定されている。

SSBJはすでにIFRS S1、IFRS S2に相当する日本版の基準（日本版S1基準、日本版S2基準）の開発を進めており、両基準について2023年度中に公開草案を公表し、2024年度中に確定基準を公表することを目標としている。目標どおり基準が策定された場合、確定基準公表後（遅くとも2025年４月１日以後）に開始する事業年度から早期適用が可能となる予定である（図表２－15）。つまり、３月期決算の企業であれば、2026年３月期の有価証券報告書から早期適用が可能になるということである。時期については

図表２－15　ISSB基準の策定とわが国への影響に関する今後のスケジュール

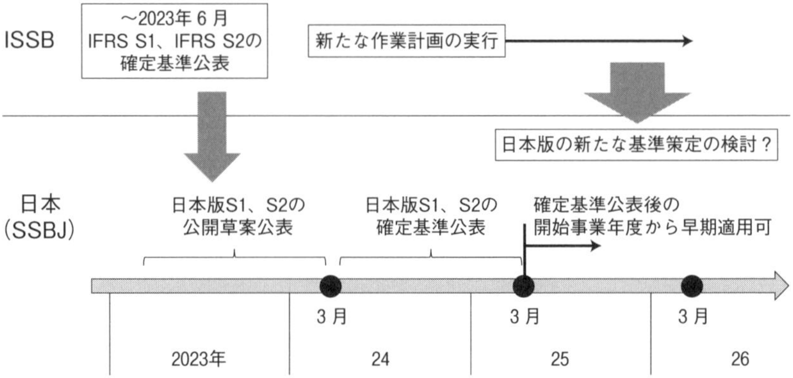

（出所）　各種資料より大和総研作成

不明であるが、将来的には強制適用されることも見込まれる。

また、SSBJは原則として、ISSBが規範性があると位置づけた文書はわが国でも規範性があるものとして取り込んでいくとしている。つまり、ISSBが人的資本や人権に関する新たな開示基準を策定した場合には、SSBJが同じテーマに係る日本版の基準を策定することが考えられる。こちらについても同様に、基準を策定した後に有価証券報告書での開示に反映されることが想定される。

人的資本の開示に関して、CGコードや改正開示府令に対応して最低限の開示を行えば完了というわけではない。ISSBの基準をふまえた今後のさらなる開示拡充についても動向をフォローし、拡充に備えて、投資家のニーズをより深く理解するための対話を重ね、より積極的、かつわかりやすい開示を進めていくことが重要である。

Column　サステナビリティ情報に対する保証や監査

人的資本を含むサステナビリティ情報の開示が、わが国の有価証券報告書で求められている。今後さらにサステナビリティ情報の重要性が高まり、開示が充実していくにつれて、開示されるサステナビリティ情報の信頼性も重要になってくる。

開示情報の信頼性を担保するためには、当該情報に対する保証や監査が必要と考えられる。現在の有価証券報告書におけるサステナビリティ情報を含む記述情報については、日本公認会計士協会の監査基準報告書720「その他の記載内容に関連する監査人の責任」で監査人の対応に関する指針が示されている。具体的には、監査人は監査を行ううえで、「その他の記載内容を通読し、財務諸表及び監査人が監査の過程で得た知識とその他の記載内容に重要な相違があるかどうかを検討する」ことが求められている。「その他の記載内容」とは、有価証券報告書から財務諸表と監査報告書とを除いた部分の記載内容を指し、サステナビリティ情報も含まれる。

海外に目を向けると、たとえばEUでは企業サステナビリティ報告指令（CSRD）に基づいて、サステナビリティ情報の開示に対して第三者による限定的保証が必要とされている（保証の水準がより高い合理的保証についても今後検討することが考えられている）。ここで重要になるのが、現状は温室効果ガス（GHG）排出量などに対する第三者保証を得ている企業が多いが、CSRDではサステナビリティ情報全体に対して保証が求められるということである。つまり、人的資本に関する情報についても保証の対象となりうる。

また、国際的な保証や監査に関する基準を策定する国際監査・保証基準審議会（IAASB）は、2023年８月に「サステナビリティ保証業務の一般的要求事項」（ISSA 5000）の公開草案を公表している。これは、サステナビリティ情報に対する保証や監査に係る国際的なベースラインとなると考えられる。加えて、国際会計士倫理基準審議会（IESBA）もサステナビリティ情報保証・監査の倫理基準の検討を進めており、策定されればこれも広く参考にされるだろう。

こうした状況をふまえ、わが国でも将来的にはサステナビリティ情報に対する保証や監査の検討を深めていくことが想定されている。金融庁が

2022年12月に公表した「金融審議会ディスクロージャーワーキング・グループ報告」では、サステナビリティ情報に対する保証に関して、わが国でも検討が必要であることが指摘された。具体的には、保証の範囲、法令上の位置づけ、保証の担い手、保証の基準・水準などについての検討や規定が重要であるとされた。

人的資本を含むサステナビリティ情報に対して保証や監査が従来以上に求められるようになれば、企業もより信頼性の高い情報開示に努めることが必要になる。今後の動向に注目すべきだろう。

第 3 章

有価証券報告書における人的資本開示

第1節

人的資本の「戦略」

1　記述内容の分析とその方法

(1)　予備的分析と分類の設定

第2章で述べたとおり、2023年3月期の有価証券報告書から、人的資本に関する開示が拡充されている。具体的には、「人的資本に関する戦略」(人材の多様性の確保を含む人材の育成に関する方針、社内環境整備に関する方針)と、「指標及び目標」(当該方針に関する指標、目標、実績)を開示する。

本節では、これらの項目について、実際にどのような内容が開示されているのか、TOPIX500採用企業(2023年3月決算企業に限る、全380社)の有価証券報告書における「人的資本に関する戦略」についての開示状況を分析する。分析には、あらかじめ設定した基準に従って、文書を分類(コーディング)するテキスト分析の手法を応用している。

分類の手順は次のとおりである。まず、記述内容の分類を設定するため、予備的分析を実施した。調査対象380社から時価総額上位50社をサンプリングし、有価証券報告書を読み込み、記述内容を把握したうえで、トピックを抽出した。予備的分析のためのサブサンプルを時価総額で選定した理由は、時価総額の大きい企業のほうが、有価証券報告書の記載内容が幅広く、全体の傾向をとらえるうえで有用であると考えたためである。予備的分析の結果を検討したうえで、近年の人的資本・多様性をめぐる重要な論点を考慮し、図表3－1の11のメイントピック、およびそれぞれの下位カテゴリとしてサブトピックを特定した。なお、分類不可能なものを集

図表3－1　分類に用いる11のメイントピック

メイントピック	
1	企業文化／理念／パーパス
2	教育・育成
3	ダイバーシティ&インクルージョン（D&I）
4	人権
5	健康と安全
6	エンゲージメント
7	採用
8	配置
9	サクセッション
10	報酬・評価
11	労使関係

（出所）　大和総研作成

約するカテゴリとして「その他」を設定した。

⑵　**コーディング**

この分類に基づき、調査対象380社について、関連する内容の記載がある場合は1、ない場合は0とコーディングした。記述の有無についてのコーディング基準は、サブトピックごとに大きく異なる。基本的に基準は幅広く、関連する内容が記載されていれば、「記載あり」とコーディングするものが多いが、たとえば「健康経営®」（「健康経営®」は、NPO法人健康経営研究会の登録商標である）のように用語が確立しているものについては、その用語に完全に一致する場合のみ「記載あり」としているものがある（このケースでは、「健康増進」等の記載はあったとしても、「健康経営」に関する記載とはみなさず、「記載なし」としている）。

集計は、調査対象企業全体に加えて業種別でも行い、記述の有無に業種による違いがみられるかどうかを確認する。業種分類には、東京証券取引所の「TOPIX-17シリーズ」(TOPIX構成銘柄について、日本株の分類として伝統的に利用されていた33業種分類を、投資利便性を考慮して17業種に再編したもの) の分類を用いる。

(3) 分析結果を読むにあたっての留意点

本書の分析を読むにあたってはいくつか留意点がある。今日、企業は有価証券報告書のほか、統合報告書やウェブサイト、ESGデータブック等、企業ごとに名称は異なるが、多くの媒体において人的資本や多様性を含むサステナビリティ情報を開示している。サステナビリティ情報開示を分析するうえで、開示媒体の選択は重要である。英国企業の男女間賃金格差の自主開示を分析したHuang and Lu (2022) は、企業のジェンダー・ダイバーシティに関する情報開示が、法定開示書類ではなく、NGOのレポートやESG評価機関によるレーティング、アワードなどによって行われてきたことを指摘し、ジェンダー・ダイバーシティに優れた企業ほど、法定開示書類において自主開示するインセンティブが働きづらいのではないかと述べている[1]。逆の見方をすれば、このことは、ジェンダー・ダイバーシティについて高い外部評価を受けられない企業ほど、自主開示のインセンティブが働くということを意味している。

これは、日本企業の人的資本・多様性情報開示にも一定程度は当てはまると考えられる。一般的にサステナビリティの取組みについて優れていると考えられる企業でも、有価証券報告書における記載は、ウェブサイト等のほかの媒体に比べ、限定的であるとみられたケースはいくつか存在する。しかしながら、本書では有価証券報告書のみを分析対象としており、その他の開示媒体における開示の有無は考慮していない。

---

1 Huang, June and Lu, Shirley, ESG Performance and Voluntary ESG Disclosure: Mind the (Gender Pay) Gap (May 13, 2022). Available at SSRN: https://ssrn.com/abstract=3708257 or http://dx.doi.org/10.2139/ssrn.3708257

また、データとしての有価証券報告書の収集は、企業の決算期の制約を受ける。本書の分析は、TOPIX500構成企業のなかから、データ収集の時点までに決算期を迎え、有価証券報告書を公開した380社に限られる。本書の分析結果を「日本の上場企業」に一般化することはむずかしい。

最後に、本書の分析がとらえるのは開示の「有無」であり、開示された取組みや施策の「度合い」についての評価ではない点も限界である。取組みや施策が進み、一定の成果をあげていることが記述されている場合も、取組みや施策が進んでおらず、課題となっていることが記述されている場合も、ともに記述「あり」と判断される。よって、記述の有無のみをもって、企業の取組みや施策を評価することはできない。一方、有価証券報告書に記載されている情報は、企業が投資家の投資判断に影響する、投資家との対話の深化につながると考える情報である。今回の分析は企業の人的資本の考え方、取組みそのものを評価するものではなく、企業が考える「投資家にとって重要な人的資本関連情報」を整理するものといえる。これらは、本書の分析結果を読むうえでの留意点である。

2　全体の分析結果

メイントピックについての集計結果を示したのが、図表３－２である。これをみると、まず「D&I」(90％)、「教育・育成」(86％) については大多数の企業が記載をしている。これは法令（開示府令）で開示を求められているのが、「人材の多様性の確保を含む人材の育成に関する方針」であることから、多様性、育成については少なくとも記載するという判断をした企業が多かったものと想定される。開示府令以外でも、たとえばコーポレートガバナンス・コードでは、「社内における女性の活躍促進を含む多様性の確保を推進すべき」（原則２－４)、「多様性の確保に向けた人材育成方針と社内環境整備方針をその実施状況と併せて開示すべき」（補充原則２－４①)、「人的資本や知的財産への投資等についても、自社の経営戦

図表３－２　メイントピックについての記述「あり」の割合（全体・業種別）

業種名（カッコ内は企業数）	企業文化／理念／パーパス	教育・育成	D&I	人権
全体（380）	54%	86%	90%	25%
エネルギー資源（3）	33%	67%	100%	0%
医薬品（15）	27%	80%	93%	13%
運輸・物流（30）	37%	93%	97%	30%
機械（23）	74%	96%	74%	26%
金融（除く銀行）（17）	71%	100%	94%	35%
銀行（23）	70%	96%	91%	35%
建設・資材（26）	42%	88%	96%	27%
自動車・輸送機（17）	88%	88%	82%	18%
商社・卸売（21）	43%	90%	90%	33%
小売（12）	58%	75%	92%	17%
情報通信・サービスその他（53）	47%	75%	89%	30%
食品（18）	22%	83%	100%	17%
素材・化学（39）	28%	72%	90%	18%
鉄鋼・非鉄（13）	92%	92%	92%	46%
電機・精密（49）	82%	88%	80%	16%
電気・ガス（13）	46%	100%	100%	31%
不動産（8）	38%	88%	100%	25%

（注）　網掛けは全体の割合より高いことを示す。
（出所）　各社有価証券報告書より大和総研作成

略・経営課題との整合性を意識しつつ分かりやすく具体的に情報を開示・提供すべき」（補充原則３－１③）などの言及があり、上場企業においてこれらへの対応が進んでいることも背景にあると考えられる。

健康と安全	エンゲージメント	採用	配置	サクセッション	報酬・評価	労使関係
68%	50%	43%	43%	35%	18%	4%
33%	0%	0%	67%	33%	0%	33%
73%	47%	40%	47%	47%	33%	13%
63%	47%	63%	43%	27%	7%	0%
43%	35%	30%	13%	26%	9%	0%
76%	53%	53%	76%	35%	35%	0%
96%	57%	48%	57%	30%	61%	0%
54%	62%	54%	31%	54%	23%	8%
29%	47%	18%	35%	29%	24%	24%
67%	62%	52%	52%	33%	19%	0%
50%	42%	50%	42%	50%	8%	17%
68%	40%	36%	36%	17%	25%	0%
78%	56%	39%	50%	67%	0%	6%
74%	46%	31%	38%	36%	8%	8%
92%	62%	46%	46%	23%	8%	0%
78%	59%	31%	45%	43%	6%	0%
85%	69%	100%	69%	31%	31%	0%
38%	38%	75%	25%	25%	25%	0%

「D&I」に関しては、後述するとおり、特に「女性活躍」についての取組み・方針を中心とした記載が多くみられる。2023年６月には、男女共同参画推進本部「女性活躍・男女共同参画の重点方針2023（女性版骨太の方

針2023）」において、たとえば2030年までにプライム市場上場会社における女性役員の比率を30％以上にすることを目指すなど、企業における女性登用の加速化を図ることが示されている。こうした目標達成等に向けた取組みへの意識が企業において広く醸成されていることが、有価証券報告書での開示として可視化されているものと考えられる。「教育・育成」に関しても、リスキリングやリカレント教育など、企業内における人材の価値を高めていくことで、企業の課題解決、中長期的な価値向上、持続的な成長などにつなげていくことが重視されており、これが数値として表れているのではないだろうか。

また、「D&I」「教育・育成」に次いで「健康と安全」（68％）に関する戦略（方針）を記載している企業が多い（図表3－2）。これは、開示府令で求められている「社内環境整備に関する方針」にかかわる重要なものとして開示している場合が多いものと推察される。従業員の健康を保持・増進することは、従業員の活力向上や生産性向上等の組織の活性化、ひいては将来的な業績や企業価値の向上につながることが期待される（従業員の健康と企業価値の関係については第4章を参照）。高齢化に伴う労働者の年齢層の変化などを背景に、こうした「健康経営」の考えは以前から注目されている。同様に従業員の安全を保つことは、人的資本の価値を保つことにつながるといえよう。こうした考えから、人的資本の方針の1つとして従業員の健康や安全をあげる企業は多くみられる。

そのほかには、全体の半数以上の企業が「企業文化／理念／パーパス」（54％）や「エンゲージメント」（50％）を取り上げている。パーパス（Purpose）は、目的、目標、意図などを意味するが、企業経営や企業戦略を説明する場面では企業の「存在意義」や「事業の目的」などを指す。人的資本に関する開示においては、「企業文化／理念／パーパス」などに基づいて、必要な人材像や人材に関する方針を明らかにし、それに向けた取組みや目指すべき姿を記載している企業が見受けられる。また、人的資本に関する「エンゲージメント」（従業員エンゲージメント）とは、従業員等の企業に対する共感や帰属意識、貢献意識を指す。たとえば、先述の「企業文化／理念／パーパス」について従業員における理解を深めることで、共感や帰属意識が高まるものと考えられる。エンゲージメントの向上を通じて、従業員がその能力を十分に発揮することが企業において重要視されており、エンゲージメントサーベイを実施するとともに、そのスコアの向上のための取組みを図る企業が多くみられる。

業種別にみてみると、特に「銀行」「金融（除く銀行）」といった金融機関においては、多くの項目について記載している企業数の割合が平均以上であった。これは、金融機関においてはサステナビリティ全般に関する情報開示が先んじて積極的に行われている傾向があり、人的資本に関しても同様に具体的な取組みや開示が進んでいるものと考えられる。また、「D&I」「教育・育成」については、すべての業種において開示をしている割合が高いことがみてとれる。業種によらず、企業の価値向上において重要なこととしてとらえられているということだろう。以下では、さらに各項目について踏み込んだ分析をしていく。

3　トピック別の分析結果

(1)　D&I

(i)　サブトピック別にみた記述の有無

ここでは、「女性」「働き方／ワーク・ライフ・バランス（WLB）」「外国人」「中途／経験者」「障がい者」「LGBTQ＋」「経営層」の７つのサブトピック別にみていく。図表３－３をみると、最も大きな割合を占めるのは「女性」で、全体の71％がなんらかの記述を行っている。次に「働き方／WLB」が57％と続き、この２つが日本企業におけるD&Iの中心的な取組みとなっていることがうかがえる。

全体として、有価証券報告書におけるD&Iの記述で「女性」への言及が

図表３－３　「D&I」のサブトピックに関する記述「あり」の割合（全体・業種別）

業種名（カッコ内は企業数）	女性	働き方／WLB	外国人	中途／経験者	障がい者	LGBTQ＋	経営層
全体（380）	71%	57%	33%	23%	29%	15%	10%
エネルギー資源（3）	67%	100%	0%	0%	33%	33%	0%
医薬品（15）	60%	40%	13%	20%	13%	13%	7%
運輸・物流（30）	77%	50%	43%	23%	30%	13%	0%
機械（23）	70%	57%	43%	39%	48%	13%	35%
金融（除く銀行）（17）	88%	76%	41%	29%	41%	12%	6%
銀行（23）	74%	70%	22%	22%	17%	9%	4%
建設・資材（26）	85%	38%	23%	15%	31%	12%	8%
自動車・輸送機（17）	71%	71%	41%	24%	41%	18%	12%
商社・卸売（21）	71%	38%	38%	33%	10%	10%	5%
小売（12）	83%	83%	42%	33%	17%	25%	0%
情報通信・サービスその他（53）	53%	60%	28%	15%	26%	26%	6%
食品（18）	61%	61%	6%	22%	22%	0%	11%
素材・化学（39）	62%	33%	31%	18%	31%	10%	5%
鉄鋼・非鉄（13）	77%	85%	54%	31%	69%	23%	46%
電機・精密（49）	73%	53%	39%	18%	24%	18%	20%
電気・ガス（13）	92%	85%	31%	38%	38%	0%	0%
不動産（8）	75%	75%	50%	25%	38%	25%	0%

（注）　網掛けは全体の割合より高いことを示す。
（出所）　各社有価証券報告書より大和総研作成

多いのは、女性活躍推進法の影響が大きいと考えられる。業種に注目すると、このデータのうえで特徴的なのは「電気・ガス」(92%)と「金融(除く銀行)」(88%)だ。これらの2業種はいずれも、女性管理職比率や男性育児休暇取得率、男女間賃金格差を総合的にみると、全業種のなかでも取組みが比較的に進んでいるといえる業種であり(本章第3節を参照)、これまでの取組みやそのさらなる推進をふまえた記述が多いと考えられる。これに対して、「建設・資材」(85%)は記述割合こそ大きいもののいまだ課題が残る業種であり、これからの取組みの必要性や課題認識から、記述が多くなったと考えられる。

なお、「女性」の次に大きな割合を占める「働き方/WLB」についても、女性活躍推進法との関連で、女性と男性の両方を対象とした育児休業制度の整備などが含まれると考えられる。有価証券報告書の記述にみる日本企業の「D&I」は、いわゆる「女性活躍」とそれに関連づけられた柔軟な働き方やWLBの推進が中心となっている。

「経営層」については全体的に記述がほとんどないが、そのなかで記述割合の大きい「鉄鋼・非鉄」(46%)や「機械」(35%)は、女性管理職比率に特に大きな課題のある業種である(本章第3節を参照)。「経営層」については、進んでいる企業がこれまでの取組みやさらなる推進について記述するというよりは、課題が根強く残っている業種において記述がみられるといえそうだ[2]。もっとも、業種と記述の有無に関連があるのか、業種のもつどのような特性からそのような関連が生じているのかについてはさらなる検証が必要である。

そのほか、「外国人」や「LGBTQ+」についての記述は、法定雇用率が段階的に引き上げられつつある「障がい者」を含めても、小さな割合にと

2　経営層の構成についてはガバナンスの課題として位置づけ、人的資本の課題としては扱っていない企業もあると考えられる。また、経営層のダイバーシティ確保には、ジェンダー・ダイバーシティだけではなく、人種などの多様性も含まれる。

どまっている。

(ii) 有価証券報告書の事例

D&Iについて、有価証券報告書での実際の記述例を確認しておきたい。１つ目の事例は野村不動産ホールディングスである。同社の開示の特徴として、D&I推進の方針について明確な記述があり、その内容も包括性に優れたものである点が指摘できる。D&I推進についてはその具体的な施策や取組みが重要であることは論をまたないが、どのような観点から推進しているのかも、その企業の姿勢を理解するうえでは重要な情報であり、ステークホルダーとのコミュニケーションをより効果的にする要素であると考えられる。

同社の開示をみると、まず、「ダイバーシティ&インクルージョン推進における考え方を明確にするため（中略）方針を策定しています」とあり、方針をどのような位置づけのものとして読めばよいのかをはっきりと伝えている。そのうえで、「人種、民族、国籍、年齢、性別、性的指向、性自認、障がいの有無、宗教、信条、社会的身分、ライフスタイル、ライフステージ等」と、多様性を構成する要素を幅広くとらえている。また、「誰もがマジョリティである面とマイノリティである面の両方を持ちうることを認識し」という記述には、ダイバーシティをめぐる問題の複雑性に対する理解の深さが感じられる。

さらに、同社はこのような方針を「インクルーシブデザイン等の推進」に関連づけることで、本業である不動産ビジネスにおいてD&Iがどのような意味をもつのかを明確にしている点が特に高く評価できる（図表３－４）。

もう１つの事例は、セガサミーホールディングスである。同社は、有価証券報告書においてダイバーシティについてのさまざまな取組みを詳細に記述している。

図表３－５は、そのなかから性的マイノリティに関する支援についての

図表３－４　野村不動産ホールディングスの有価証券報告書

（ⅱ）多様な人材が活躍できるダイバーシティ＆インクルージョンの推進

・人権・ウェルネスＤ＆Ｉ研修の推進により女性、シニア、LGBTQ、障がい者、外国人などのさまざまなバックグラウンドや価値観を持つ多様な人材が最大限に能力発揮できる職場環境を整備

・出産・育児・介護・傷病との両立支援、労働時間短縮に向けた意識啓発

<ダイバーシティ＆インクルージョン推進方針>

当社グループは、サステナビリティポリシーにおいて掲げた、「人と人がお互いを支えつながり合う、誰ひとり取り残さない社会」、「背景や価値観の異なる人々が個性を活かし合う創造的な社会」を実現するために、ダイバーシティ＆インクルージョン推進における考え方を明確にするため、ダイバーシティ＆インクルージョン推進方針を策定しています。

私たち自身がみな、人種、民族、国籍、年齢、性別、性的指向、性自認、障がいの有無、宗教、信条、社会的身分、ライフスタイル、ライフステージ等、さまざまな属性において多様性を持つこと、さらに、誰もがマジョリティである面とマイノリティである面の両方を持ちうることを認識し、互いの違いを尊重しあい、すべての従業員が自分は受け入れられていると感じることができる企業文化を醸成します。また、それぞれの属性における課題を解消し、かつ従業員一人ひとりの違いに着目した、実質的な機会均等を実現します。そして、すべての従業員がそれぞれの個性と能力を最大限に発揮し、多種多様な組織・人びとと共に手をとりあって挑戦し続けることで、新たな価値を創造していきます。

野村不動産グループは、事業活動を通じて社会の多様化したニーズにお応えしていくために、社内外のさまざまな属性の人々が参画し、多様な視点を活かすインクルーシブデザイン等の推進に取り組み、まだ見ぬ価値を創造します。

（出所）　野村不動産ホールディングス株式会社「有価証券報告書　2023年３月期」より抜粋

記載を抜粋したものである。同社の特徴は、具体的な取組み内容が豊富であること、それを表にまとめることで見やすく開示されていることである。図表にまとめきれないものについては箇条書きで示したうえで、ウェブサイトでのサステナビリティ開示に案内している点も、開示媒体が増え続けているなかで、ステークホルダーごとに必要な情報を見つけやすくするための配慮であるといえる。単にウェブサイトや統合報告書などほかの開示媒体を参照させる企業は多いが、参照先にある情報が有価証券報告書においても明確になっていると、複数の開示媒体を行き来することもそれほど煩雑にはならないと考えられる。

同社では、性的マイノリティ以外にも、WLBの向上、育児支援、介護との両立支援、女性活躍推進、障がい者雇用、シニアに対する取組みと多

図表３－５　セガサミーホールディングスの有価証券報告書

c-4 ）性的マイノリティに関する支援

当グループは、同性パートナーにも配偶者と同じ権利・地位が認められるよう、さまざまな制度を設けています。

大項目	中項目	概要
休暇・休職	慶事・弔事の特別休暇	同性パートナーとの結婚時、同性パートナーの死亡時などに特別休暇を取得できます。
	介護関連	同性パートナーが要介護状態になった時、介護休業や介護短時間勤務などが利用できます。
支給金	別居手当／結婚祝金／出産祝金／香典	関連規程の配偶者と同等の扱いとします。
	弔慰金	社員本人が死亡した際、弔慰金を同性パートナーへ支給することができます。
赴任・出張	下見・正式赴任時の諸経費／転勤休暇／赴任手当／単身赴任帰郷旅費	関連規程の配偶者と同等の扱いとします。
福利厚生	貸付金	関連規程の配偶者と同等の扱いとします。
	保養所	同性パートナーも「メンバー」料金で利用できます。
就業サポート	積立年休の利用用途拡大	就業継続サポートとして、トランスジェンダーの方が性別適合手術、ホルモン治療を受ける際に積立年休を利用できます。

上記取り組みのほか、当社サステナビリティサイトに以下の取り組みを掲載しておりますので、ご参照ください。

https://www.segasammy.co.jp/ja/sustainability/esg/esgsociety/

・「PRIDE指標2022」にて４年連続「ゴールド」を受賞

・「ビジネスによるLGBT平等サポート宣言」に賛同

・同性パートナーのための「パートナーシップ証明書」

・「Business for Marriage Equality」へ賛同

・「東京レインボープライド」におけるブース出展・パレード参加

・SEGA Europe Limited.におけるDEIコミュニティの取り組み

・アライ（ally）を示すレインボーストラップの配布

（出所）　セガサミーホールディングス株式会社「有価証券報告書　2023年３月期」より抜粋

くのテーマについてこのような内容の開示が行われており、質量ともに非常に充実しているといえる。

⑵　教育・育成

(i)　サブトピック別にみた記述の有無

教育・育成に関しては、「キャリア形成」「グローバル人材」「DX人材」「高度／専門人材」「リスキリング」の５つのサブトピック別にみる（図表３－６）。

人的資本経営においては、人的資本を確保するとともに、教育・育成をして人的資本の価値を高めることで中長期的な企業価値の向上を図ること

図表３－６　「教育・育成」のサブトピックに関する記述「あり」の割合（全体・業種別）

業種名 （カッコ内は企業数）	キャリア形成	グローバル人材	DX人材	高度／専門人材	リスキリング
全体（380）	45%	22%	22%	24%	14%
エネルギー資源（3）	33%	33%	33%	0%	67%
医薬品（15）	20%	20%	13%	0%	13%
運輸・物流（30）	40%	20%	27%	10%	17%
機械（23）	74%	48%	26%	61%	9%
金融（除く銀行）（17）	59%	18%	41%	24%	6%
銀行（23）	74%	0%	43%	48%	26%
建設・資材（26）	35%	23%	15%	15%	8%
自動車・輸送機（17）	47%	18%	18%	29%	12%
商社・卸売（21）	33%	14%	19%	10%	19%
小売（12）	17%	0%	17%	8%	8%
情報通信・サービスその他（53）	30%	9%	25%	11%	15%
食品（18）	39%	39%	28%	6%	11%
素材・化学（39）	26%	23%	13%	5%	8%
鉄鋼・非鉄（13）	54%	54%	31%	54%	15%
電機・精密（49）	65%	41%	16%	57%	14%
電気・ガス（13）	85%	8%	15%	8%	8%
不動産（8）	38%	0%	13%	13%	25%

（注）　網掛けは全体の割合より高いことを示す。
（出所）　各社有価証券報告書より大和総研作成

が重要である。教育・育成といっても、企業ごとの経営戦略や方針、業種や経営環境などによって、教育・育成の目的や求められる人材、方法などは大きく異なるだろう。

まず、業種にかかわらず共通していたこととして、従業員の自律的な「キャリア形成」(45%)の実現を目的とした教育・育成が多くの企業において行われていた。後述する「エンゲージメント」や「配置」ともかかわる部分があるが、従業員が希望するキャリアを自ら形成していくために必要となるスキルや経験等を身につけるための学びの機会を提供することによって、働きがいをもち、成長に意欲的な人材を確保することが可能となる。同時に従業員の企業に対する帰属意識も高まることが考えられる。どの業種でも「キャリア形成」について言及している企業はみられたが、特に「電気・ガス」(85%)、「機械」(74%)、「銀行」(74%)などでその割合が高かった。

続いて、どのような人材を企業が求めているのか、という観点からは大きく分けて3つの種類がみられた。第一に「グローバル人材」(22%)である。特に、海外でも事業活動を広く行うグローバル企業を中心に、国際的な展開を含む経営戦略や方針の実現などのためにグローバルに活躍することができる人材を教育・育成することが重視されている。グローバルに人材の「採用」を行うだけではなく、内部人材に対して言語研修を含めたプログラムの提供や、出張、転勤を含む海外でのOJTの実施等によって「グローバル人材」を確保することが図られているようだ。また、グローバルで活躍できる能力や経験は、経営陣にも求められるものであり、たとえば経営陣のスキルマトリックス(知識・経験・能力等を一覧化したもの)でも保有するスキルの1つとして海外経験があげられることも多い。後述する「サクセッション」におけるリーダーの育成にもつながりうるものであると考えられる。

第二に「DX人材」(22%)が注目される。第1章で確認したとおり、日本では新たに目指す社会としてSociety 5.0が示されており、このために必要なデジタル人材、DXを推進する人材の不足が指摘されている。日本政府がデジタル庁を設置し、DX人材の育成・確保に取り組んでいるが、企業も新たな社会における自社の競争力を高めるために、DX人材の育成・確保を急いでいる。独立行政法人情報処理推進機構の調査（2022年度調査、複数回答）によれば、日本企業においては、DXを推進する人材の確保・獲得の取組みとして、社外の人材の活用よりも、社内人材の育成（54.9％）、既存人材（他部署からの異動も含む）の活用（47.7％）を行っている企業が多い[3]。まずは内部人材のデジタルスキルを研修や資格取得推奨、OJTなどで高めていくことを重視しているものと考えられる。なお、スキルをもっている人材の「配置」やスキル活用に対する「報酬・評価」を適切に行うといったほかの項目も、今後さらに重要になるだろう。図表３－６でDX人材の教育・育成について業種別にみると、特に「銀行」（43％）、「金融（除く銀行）」（41％）といった金融機関において取り組む企業の割合が高い。デジタル技術の発展に伴って、フィンテック（金融とデジタルの融合）の深化が加速しており、DX人材を重要ととらえる金融機関が多かったと想定される。

第三に「高度／専門人材」（24％）である。企業が中長期的に企業価値を高め、持続的に成長していくためには、より高い専門性を有する人材が必要である。ただし、専門性は共通の定義があるものではなく、さまざまな領域における専門性が考えられ、その捉え方は企業によって異なる。各企業の経営戦略やビジネスモデルに基づいて、必要な領域における知識、技術、経験を備えた人材を育成していくことで、人的資本をより有効に活用することにつながるだろう。「高度／専門人材」については、「機械」（61％）、「電機・精密」（57％）、「鉄鋼・非鉄」（54％）といった技術者を要

3　独立行政法人情報処理推進機構「DX白書2023」を参照。

する業種で開示の割合が高い。

最後に、近年耳にすることが多い「リスキリング」(14%)についても開示している企業がみられた。変化する社会のなかで有効となる新しいスキルを従業員が獲得するための機会を提供することで、従業員と企業がともに変化に適応して持続的な成長を実現していくことが可能になると考えられる。ただし、有価証券報告書においては、「リスキリング」というワードを記載している企業よりも、「DX人材」や「高度/専門人材」といった具体的な人材を育成する方針が記載されていることが多かった。

(ii) 有価証券報告書の事例

教育・育成に関する開示に関して、たとえば、住友ファーマは、求める社員像として「重要視する3つのポイント」をあげている(図表3－7)。そして、行っている主な取組みとして、リーダーなどの育成に関する研修の「選抜型研修SMP Academy」の実施、英語力に関する研修の提供による「グローバル人材の育成」「新たな価値創造やオペレーション改革をDXで実践する人材の育成」などがあげられている。さらに、キャリアに関する情報提供、キャリアデザイン研修、キャリアコンサルタントによるキャリア面談など、社員のキャリア自律の支援を行っていることがうかがえる。

また、日本電子は、中期経営計画で「社員・人材のGrowth」として積極的に人材投資を行っていると有価証券報告書で開示している(図表3－8)。その戦略に基づき、人材育成に関して「世界最高の技術に挑戦し続ける姿勢」を貫くうえで欠かせない、高度な技術に係る専門的なスキルをもつ者を育成していることが示されている。また、グローバル人材の育成やリスキリングを行う体制についても充実させていくことを打ち出している。

図表３－７　住友ファーマの有価証券報告書

２．重要なサステナビリティ項目

上記のとおり、当社グループでは「社会からの期待」と「企業価値向上への影響度」の観点から「革新的な医薬品と医療ソリューションの創出」をはじめとするマテリアルイシューを特定していますが、当社グループがこれらのマテリアルイシューに取り組み、社会の持続可能性への貢献と当社グループの持続的成長の実現を目指すにあたって重要なサステナビリティ項目となる「人的資本と多様性」、「環境への取組」についての考え方及び取組は以下のとおりです。

（１）人的資本と多様性

ア．戦略

当社は人材の多様性の確保を含む人材育成や社内環境整備の方針について、取締役（社外取締役を除く）と執行役員が参加する人材戦略会議にて議論を行っています。各方針は以下のとおりです。

（人材育成方針）

当社は、個人の成長と事業の成長は車の両輪であるとの考え方の下、経営戦略と連動した人材戦略により、個人と事業の成長を実現し、社会に対して継続的に価値を提供することを目指しています。

そのため当社では、「住友ファーマが求める社員像」（※３）を設定し、各種研修やジョブローテーションなどを通じて、社員の成長をサポートしています。各種研修に関しては、2016年度に人材育成体系（※４）を再構築し、専門性に加え、経営の知識を兼ね備えた人材も積極的に育成しています。

今後は、北米事業体制の再編を契機に、グループが緊密に連携、一体となって目標を達成するための当社グループ（日本、北米、アジアなど）全体における人材ポートフォリオを構築し、それにより効果的・効率的な採用・育成・配置を行っていきます。

※３　住友ファーマが求める社員像

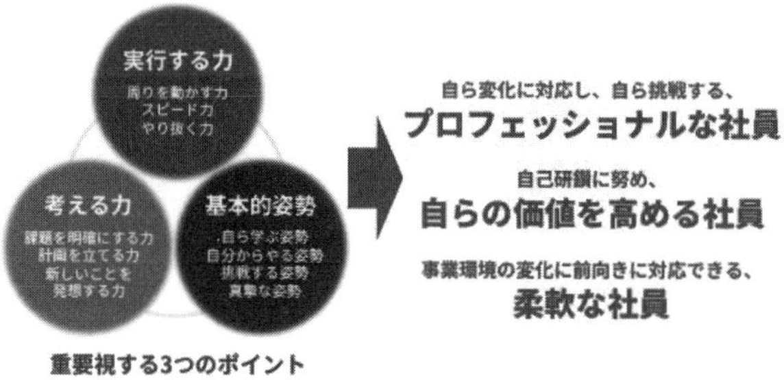

※４　詳細は、次のリンク先をご覧ください。
https://www.sumitomo-pharma.co.jp/sustainability/social/education.html

当社での主な取り組みについて

（ア）選抜型研修SMP Academyの実施

未来のリーダーや経営者を育成するため、選抜型教育研修プログラムSMP Academyを2016年７月に設立しました。若手から中堅、管理職の各層において、向上心があり潜在的能力の高い社員を毎年80人を目安に選抜し、2016～2021年度の６年間で482人が受講しました。約１年にわたる研修プログラムにおいては、外部講師に加えて経営陣自らも講師を務め、高い視点から事業全体を俯瞰し、新たな価値創造のための構想力を養成しています。現在では、部門長以上の約半数がSMP Academyの修了者です。今後は当社グループ全体における人材ポートフォリオを意識し、グローバルマネジメント要素を含めた内容への変更を検討・実施していきます。

（イ）グローバル人材の育成

当社では、海外子会社や海外アカデミア・研究機関に人材を派遣するなど、グローバル人材の育成に取り組んでいます。

また、各本部推薦による選抜型の英語力強化研修に加え、全社的な英語力の底上げという観点から、2020年度以降、全社員を対象としたe-learningプログラムを導入するとともに、TOEIC受験機会を年４回会社が提供しています。今後は、グローバル人材のプールをさらに増やすべく、SMP Academyとの連携や各種英語力強化プログラムのブラッシュアップおよび新規プログラムを検討・実施していきます。

（ウ）新たな価値創造とオペレーション改革をDXで実践する人材の育成

当社は、2021年８月から新たな価値創造とオペレーション改革をDXで実践する人材を育成するため、DX研修をスタートしました。全社員向け、管理職向けのe-learningをはじめ、さらにハイレベルなデータサイエンスの実践知識習得を目指すコースを設定しています。2024年度までにシチズン・データサイエンティスト（※５）100人の育成に加え、2027年度までにシチズン・デベロッパー（※６）150人を育成します。各種のデータを積極的に活用し、さまざまな課題を解決できるデジタル人材の早期育成を目指しています。

※５　データ利活用による価値創出の起点となる人材

※６　職場での業務効率化を自律推進できる人材

（エ）タレントマネジメントによる戦略的人員配置と採用

当社は、タレントマネジメントシステムを導入・運用し、人材（タレント）が、どのようなスキルや能力を持っているのかを一元的に把握・管理しています。今後は、将来の事業を見据え、求められる能力を特定し、タレントマネジメントシステムのデータを利用することで、計画的な人材育成と最適な人材配置を行い、経営目標を達成します。

また、2021年度からは蓄積した情報を基にピープルアナリティクスを実践し、人事領域における施策の意思決定を加速化し、社員の成長を促す因子やエンゲージメントに寄与する因子の探索を行っています。

今後は、解析したデータを活用することで社員の成長を加速し、組織成果を最大化する人事施策の実現を目指した取組を進めていきます。

（オ）研究プロジェクト制導入による人材育成

当社は、革新的新薬の創出を加速するために研究プロジェクト制を導入しています。これは研究テーマを発案した熱意ある研究者を研究プロジェクトリーダーとして任命し、研究プロジェクトリーダーがチームメンバーとともに研究の前期から後期まで一貫して研究プロジェクトを中心的に推進するというものです。研究プロジェクトリーダーには年齢や経験を問わず、予算執行や人事評価の権限を与え、裁量権を持って研究プロジェクトをマネジメントすることで成果創出、人材育成に繋げています。これまでに研究プロジェクト制のもとで創出された８剤の臨床移行を達成し、現在も15以上の研究プロジェクトが進行中です。本制度開始以来、約30人の研究プロジェクトリーダーを輩出しています。

（カ）セルフ・キャリアドックの推進

当社では、社員のキャリア自律を支援するため、2021年１月からセルフ・キャリアドックの運用を開始しました。セルフ・キャリアドックでは、キャリアに関する情報提供のほか、自己の経験の棚卸やキャリアを考えるためのキャリアデザイン研修を実施しています。また、社員がいつでも自身のキャリアについて相談できるよう、社内のキャリアコンサルタント（国家資格保有者）がキャリア面談に対応しており、2022年度は約200件のキャリア相談がありました。今後もセルフ・キャリアドックを通じて、キャリアを学び、考え、相談できる環境を社員に提供し続けます。

(社内環境整備方針)

当社では、社員一人ひとりが持てる能力を十分に発揮することが理念の実現に不可欠であると捉えています。そのため、性別や国籍などの属性にとらわれることなく、能力を発揮したいと望むすべての人に活躍の機会を提供していくことが重要と考え、多様な人材の活躍を推進し、多様な働き方を選択できる制度を整えています。

当社での主な取り組みについて

（ア）挑戦する風土づくり

当社では、社員の主体性に基づいた仕事への挑戦を促すため、自己申告制度と公募による異動を導入しています。自己申告制度では、自己申告書に基づき、上司は部下一人ひとりとキャリア面談を実施し、社員の個別の状況やキャリア志向を把握することにより、長期的な育成計画を立案し、能力の向上を図っています。また、公募による異動については、自らの希望が公募で叶うことにより仕事への高いモチベーションの維持や意欲ある社員の異動による組織の活性化などの成果があがっています。

また、2022年４月に人事評価制度を見直し、特に勇気を持って挑戦をした人を評価できる仕組みとして、高い目標を掲げて挑戦する姿勢や挑戦するプロセスを評価軸として、各部門が支給対象者と支給額を決定できる部門賞与を従来の賞与に加えて導入しました。

（イ）多様な人材の活躍の推進

（女性活躍推進）

当社では、性別に関わらず活躍できる環境の整備を推進しています。女性のキャリアアップのための研修等を実施するとともに、女性の就労継続や育児休業からの早期復職を目的に育児短時間制度や認可外保育所利用補助、MR地域選択制度などを導入し、仕事と育児の両立支援をサポートしています。また、「女性は育児、男性は仕事」といった無意識の固定観念・無意識の偏見(アンコンシャスバイアス)を解消し、性別に関わらず仕事と育児を両立させ、互いに助け合う風土を醸成することを目的に男性の育児休業の取得や男性の育児への参画を促進しています。育児休業の10日間有給化や男性社員に向けた育児休業説明会を開催するなどの取組を実施し、2022年度の男性の育児休業取得率は130.1％となりました。引き続き男女ともに育児休業取得率100％の継続を目指します。

また、2027年度までに女性管理職比率を20％以上（2023年４月１日時点：女性管理職比率14.4％）にすることを目標とし、女性リーダーの育成にも注力してまいります。将来的には、社員構成に占める男女割合と管理職に占める男女割合が同程度になることを一つの目安として考えています。

（出所） 住友ファーマ株式会社「有価証券報告書　2023年３月期」より抜粋

図表３－８　日本電子の有価証券報告書

（２）人的資本

①戦略について

経営理念の持続的な実現のため、性別・国籍を問わず多様な感性や視点を持った優秀な人材を確保し、能力を発揮できるよう人材育成に努めております。また、従業員が健康で安全に働くことができ、かつ様々な働き方に対応できる環境を整備することにより、事業活動の維持・向上を図っております。

当社が2022年度に策定した中期経営計画「Evolving Growth Plan」(2022年度～2024年度)では、事業規模の拡大と高収益化の実現に向けて３つのGrowthを掲げており、その一つを「社員・人材のGrowth」として積極的に投資をしております。

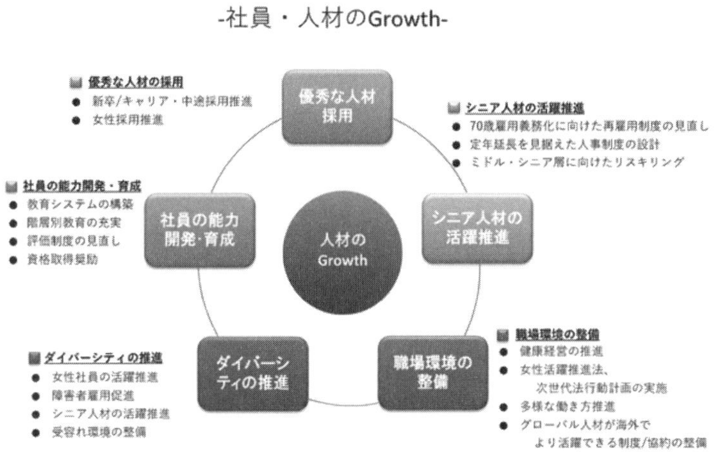

②指標および目標について

■ダイバーシティ＆インクルージョンの推進

当社はこれまで両立支援の取組みを通じて社員が働きやすい環境づくりを進め、2019年に「えるぼし(２段階目)」、2022年に「くるみん」の認定を受けており、引き続き上位の認定取得を目指しております。

多様な視点での考えや発想は事業成長のためには不可欠な要素であり、更なるイノベーションの創出のためにダイバーシティの推進をより一層進めてまいります。

ａ．女性労働者の管理職比率の向上

	2021年３月31日	2022年３月31日	2023年３月31日	目標 （2025年３月31日）
管理職比率（％）	3.3	2.8	4.1	5.0

ｂ．女性労働者の新卒採用比率向上

	2021年４月１日	2022年４月１日	2023年４月１日	目標 （2025年４月１日）
採用比率（％）	21.4	14.5	21.3	25.0

ｃ．男性労働者の育児休業取得率の向上

	2021年３月31日	2022年３月31日	2023年３月31日	目標 （2025年３月31日）
育児休業取得率（％）	21.7	16.7	45.0	50.0

ｄ．女性の職業生活における活躍の推進に関する法律(女性活躍推進法)・次世代育成支援対策推進法(次世代法)への対応

・女性活躍推進法

2019年に女性活躍推進法に基づく女性の活躍推進への取組みが優良な企業として厚生労働大臣が認定する「えるぼし（２段階目）」を取得しております。

⇒目標：2026年に「えるぼし(３段階目)」認定

・次世代法

2022年に次世代法に基づく「子育てサポート企業」として厚生労働大臣が認定する「くるみん」を取得しております。

⇒目標：2026年に「プラチナくるみん」認定

■人材の育成

中期経営計画「Evolving Growth Plan」で掲げる「社員・人材のGrowth」戦略に基づき当社は、従業員一人ひとりの育成強化を図るとともに、従業員エンゲージメントの向上に努めております。

ａ．離職率の減少

	2021年３月31日	2022年３月31日	2023年３月31日	目標 （2025年３月31日）
離職率（％）	1.1	1.2	1.6	2.0以下を維持

ｂ．技術者の育成強化

経営理念にもありますように、当社は創業来世界最高の技術に挑戦し続ける姿勢を貫いております。このため優秀な技術者育成は当社には欠かせないものであり、様々な取り組みを行っております。

1)「高度技術専門職制度」により高度な技術者を評価・処遇する仕組みを設けております。毎年、高度な技術を持つ技術者を特別研究員に認定し、２年間の研究費を特別に支給することにより技術者のモチベーション向上を図っております。

2)博士号取得者表彰制度により博士号取得促進を図っております。2022年10月１日現在の当社での博士号取得社員数は113名となっております。研究開発の核となる人材として博士号取得者を今後増員していくため更なる制度面でのサポート支援を進めてまいります。

3)産学官連携によるオープンイノベーションを積極的に推進し、国内外の研究機関・大学・民間企業との共同研究を通じて技術員の知見を深め、イノベーティブな人材育成に努めております。

4)特命高度専門職制度によりライン長以外で特別に高度な能力を有する者には特命高度専門職に任命し、技術者の更なる活性化・モチベーションアップを図っております。

c．教育・研修体制の充実

2022年にＬＭＳ（学習管理システム）を導入し、これまでのＯＪＴを中心とした社員教育に加え、オンライン教育を充実させることで、全社教育として社員の学びの機会を増やすことに力を入れております。特に2022年度は管理職に対する財務教育を実施し、2023年度は全社に拡大させる予定です。また、当社の海外売上比率は70％を超えており、グローバル人材の養成は重要な課題の一つです。これまで自己学習に依存してきた語学教育を、社員教育の一つと位置付け、2021年度より、海外赴任候補として部門にて選抜された社員に対して、半年間の語学教育を実施しております。技術部門や営業部門においては、技術力や営業力の更なる向上や適切な技術伝承を図るため、スキルや経験年数に準じた専門教育を実施しております。2025年には、全社員のリスキリングに対応できる教育体制の構築を目指してまいります。

d．従業員エンゲージメント

当社はこれまで、従業員エンゲージメントを高めるために両立支援の取組みを始めとした様々な施策を実施しております。2010年に新設した「社長賞」は自立・自発性を持って問題解決に取り組む社員個人やプロジェクトチームを表彰するもので、社長が評価し社員のモチベーション向上に繋げるものです。

また、中堅社員が定期的に経営層と直接対話をする場を設けております。会社が目指すビジョンやミッションについて対話を通じて共有することで目指すべきゴールを明確にして、社員のモチベーションアップに努めております。当社は、これら取組みの充実を図るとともに、更なるエンゲージメントの向上に向けて、エンゲージメント調査を実施してまいります。課題を可視化し、従業員への理解を深め、人事施策を適切に、また継続的に行うことにより社員がこれまで以上にやりがいを持って働ける環境づくりを目指してまいります。

（出所） 日本電子株式会社「有価証券報告書　2023年３月期」より抜粋

⑶ 健康と安全

(i) サブトピック別にみた記述の有無

ここでは、「健康経営」「働き方／WLB」「労働安全衛生」「メンタルヘルス」「ウェルビーイング」「福利厚生」「ファイナンシャルウェルビーイング」の７つのサブトピック別にみていきたい（図表３－９）。

有価証券報告書における「健康と安全」に関する記述については、全体として「健康経営」に関する記述が大きな割合を占め、40％の企業が記述している。次に「働き方／WLB」が28％と続き、この２つが日本企業における「健康と安全」の中心的な施策となっていることがうかがえる。この背景には、経済産業省の「健康経営優良法人認定制度」のように、企業の取組みを後押しする制度の効果があると考えられる。「働き方／WLB」はD&I推進においてもよく記述されるサブトピックであるが、従業員の健康や安全を守るという文脈に位置づける企業もあると考えられる。有価証券報告書の記述にみる日本企業の「健康と安全」は、自社の従業員の健康の推進が主となっているといえる。

業種別でこの特徴が際立っているのは「食品」（72％）である。全体の

図表3－9　「健康と安全」のサブトピックに関する記述「あり」の割合（全体・業種別）

業種名（カッコ内は企業数）	健康経営	働き方／WLB	労働安全衛生	メンタルヘルス	ウェルビーイング	福利厚生	ファイナンシャルウェルビーイング
全体（380）	40%	28%	17%	14%	12%	6%	5%
エネルギー資源（3）	33%	0%	0%	33%	0%	0%	0%
医薬品（15）	53%	40%	20%	20%	13%	0%	0%
運輸・物流（30）	40%	30%	7%	3%	0%	0%	0%
機械（23）	26%	0%	17%	4%	0%	4%	0%
金融（除く銀行）（17）	41%	65%	12%	24%	24%	0%	18%
銀行（23）	52%	61%	0%	17%	39%	17%	70%
建設・資材（26）	35%	19%	19%	12%	8%	15%	0%
自動車・輸送機（17）	12%	0%	18%	0%	0%	0%	0%
商社・卸売（21）	43%	38%	19%	5%	14%	10%	0%
小売（12）	8%	25%	17%	8%	8%	17%	0%
情報通信・サービスその他（53）	28%	36%	6%	11%	17%	9%	0%
食品（18）	72%	17%	17%	17%	11%	6%	0%
素材・化学（39）	46%	28%	18%	13%	8%	3%	0%
鉄鋼・非鉄（13）	54%	0%	46%	31%	23%	8%	0%
電機・精密（49）	49%	18%	27%	20%	16%	2%	2%
電気・ガス（13）	38%	62%	54%	38%	0%	0%	0%
不動産（8）	38%	25%	0%	13%	0%	0%	0%

（注）　網掛けは全体の割合より高いことを示す。
（出所）　各社有価証券報告書より大和総研作成

記述割合（40%）を大幅に上回り、他の業種に圧倒的な差をつけている。食品は、本業が人びとの健康や安全と密接にかかわっているためであると考えられ、直感的に理解できる結果である。人的資本の観点からだけではなく、経営理念やサステナビリティに対する考え方が「健康」と結びついている企業も多い。翻って、「小売」では記述割合が８％と著しく低く、「健康経営」の推進が課題となっていることを示唆している。もっとも、登録商標である「健康経営」という言葉を用いずに健康・安全施策を実施している可能性は捨てきれない。

一方で、「健康と安全」のもう１つ、安全面に関する記述は全体的に限られている。労働安全衛生（17%）やメンタルヘルス（14%）、心身ともに満たされた状態を表す概念であるウェルビーイング（12%）や、そのなかでも経済面の不安がない状態を意味するファイナンシャルウェルビーイング（５%）に関しては、戦略ではなくリスク管理の取組みであるとして、戦略での記述が限定的である可能性が考えられる（詳細は第４章）。

「ファイナンシャルウェルビーイング」については全体的に記述がほとんどないものの、「銀行」（70%）や「金融（除く銀行）」（18%）で例外的に記述割合が高いのは、直感的にも納得できる結果であるといえよう。金融業界にとって、ファイナンシャルウェルビーイングは本業と強くかかわるものであるため、関連の取組みも活発で、開示する企業も多いと考えられる。なお、「銀行」と「金融（除く銀行）」以外で唯一、記述割合が０%ではない「電機・精密」（２%）に該当するのは富士通である。同社は、ウェルビーイングをパーパスに向けた最重要課題と位置づけている。ウェルビーイングを４つのカテゴリに分けてそれぞれに方針を定めており、ファイナンシャルウェルビーイングはそのうちの１つである。

「労働安全衛生」などは、重大事故のような労働災害のリスクが高い業種とそうではない業種の違いも大きいと考えられ、「電気・ガス」（54%）、「鉄鋼・非鉄」（46%）で記述割合が大きい。これは、作業現場での安全確保の不十分さが重大な事故につながりかねない業種の特性がかかわっていると考えられる。

その他には、心理的安全性の確保、アブセンティーズムの解消、ハラスメント防止、食育、メタボリックシンドローム対策、受動喫煙防止、そして労働安全衛生マネジメントシステムの国際認証（ISO45001）取得に関する記載もみられた。

(ii) 有価証券報告書の事例

「健康と安全」について、有価証券報告書での実際の記述例を確認しておきたい。１つ目の事例は富士通である。同社の開示の特徴は、調査対象企業の12％しか開示していないウェルビーイングを、サステナビリティ戦略における最重要課題と位置づけている点である（図表３－10）。

同社はウェルビーイングを、「Career & Growth Well-being：社員がキャリア実現のために自ら学び、成長し続けること」「Financial Well-being：役割や貢献に応じた、適正で公正な報酬（心理的報酬を含む）が得られること」「Social Well-being：職場の仲間、取引先やお客様との信頼関係や、良好な人間関係を構築、維持すること」「Health Well-being：社

図表３－10　富士通の有価証券報告書

（vi）Well-beingの実現に向けた取り組み

当社グループでは、パーパスの実現に向けて、グローバルで社会的責任を果たしていくため、「グローバル レスポンシブルビジネス（GRB）」という枠組みを確立し、その中でも事業活動の源泉である人に焦点を当てた"Well-being"は最重要課題の1つと位置づけています。(GRBの制定経緯及び取り組みについての詳細は上記(1)サステナビリティへの対応 ②戦略をご参照ください。)

当社では“Well-being”の定義を「仕事もプライベートも、自分自身が大切にしている価値観に向き合い、自身の未来の幸せに日々向かっている状態」と定めました。一人ひとりのWell-being向上に向けて以下4つのカテゴリにまとめ、各カテゴリごとに方針を定めてグローバルで活動を実践しています。

Career & Growth Well-being：社員がキャリア実現のために自ら学び、成長し続けること
Financial Well-being：役割や貢献に応じた、適正で公正な報酬(心理的報酬を含む)が得られること
Social Well-being：職場の仲間、取引先やお客様との信頼関係や、良好な人間関係を構築、維持すること
Health Well-being：社員が自身や家族の心身の健康を維持・増進すること

Well-beingの2025年度目標として、「社員一人ひとりが自分のWell-beingを理解し、語ることができること」を目指しており、その実現に向けて「Well-beingの理解・浸透施策の展開」と「データドリブンな可視化と分析」についての取り組みを重点的に推進しています。

（出所）　富士通株式会社「有価証券報告書　2023年３月期」より抜粋

員が自身や家族の心身の健康を維持・増進すること」の４つのカテゴリに細分化し、カテゴリごとに方針を定めてグローバルに活動を実践している。

ウェルビーイングをめぐっては、その言葉は広く知られつつあると思われるものの、それが何を意味するのか、どのような取組みに具現化するのか、いかなる戦略的な重要性をもつのかといった点について具体的ではない企業もある。そのようななかで、ウェルビーイングの意味を明確にするだけではなく、自社の戦略や目標と関連づける同社の開示は特徴的であるといえる。

２つ目の事例はJFEホールディングスである（図表３－11）。労働安全衛生の確保について詳細な開示を行っているのが注目される。同社では、「JFEグループ健康宣言」を策定し、人的資本投資を通じて従業員の能力や活力を最大限に引き出す施策に取り組んでいる。そのなかで「労働安全衛生の確保」は「多様な人材の確保と育成」と並んで人的資本に関する経営上の重要課題と定められている。

同社では、労働安全衛生の確保に関して、「労働災害の防止」と「社員とその家族の健康確保」の２点を掲げている。１点目の「労働災害の防止」については、関連指標のKPI設定、優先的な投資と最新技術の活用を盛り込んだ中期経営計画への紐づけと、具体的な取組みとその推進方法が明らかにされている。役員の業績連動報酬にも安全に関する指標が組み入れられている。２点目の「社員とその家族の健康確保」については、従業員の健康だけではなく、その家族の健康維持・増進に向けた取組みが行われている。

労働安全衛生についての同社の積極的な取組みと情報開示は、全国に製鉄所や製造所、建設・操業現場を有する業種の特性に強く規定されていると考えられる。同社の開示は、事業の特性をふまえた人的資本投資・開示が重要であることを示しているといえる。

図表３－11　JFEホールディングスの有価証券報告書

＜ＪＦＥグループ健康宣言＞

1．企業理念の実現のためには、社員一人ひとりの安全と健康は欠くことができないという認識のもと、すべての社員がいきいきと働くことができる職場を実現していきます。

2．会社と健康保険組合が一体となって、社員とその家族の心と身体の健康保持・増進に向けたあらゆる取組みを進めていきます。

3．安全と健康を最優先する意識の醸成を図り、社員一人ひとりが自立的に活動を実践する健康文化を構築していきます。

＜労働安全衛生の確保＞

労働災害の防止

安全な作業環境を整備し労働災害を防止することは、多様な社員が安心して働くための基本的な要件と考えています。そこで、ＪＦＥグループは「安全はすべてに優先する」という基本姿勢のもと、死亡災害件数（０件）および休業災害度数率に関するＫＰＩを定め、取り組みを推進しています。第７次中期経営計画では安全対策への優先的な投資（グループ全体で年間100億円規模）を実施し、類似の災害や繰り返しの災害を防止するための活動強化に加え、最新技術の活用により設備そのもので災害の発生を防止する取り組みに注力しています。例えばＡＩやセンサーの活用により、作業者を検知し自動で設備を止める技術の開発と適用を進めています。

これらの労働災害防止の取り組みを加速させるインセンティブとするため、2022年度より役員の業績連動報酬に安全に関する指標を導入しています。

社員とその家族の健康確保

安全で魅力に富み働きがいのある職場を実現するため、2016年に「ＪＦＥグループ健康宣言」を制定し、健康保険組合や産業保健スタッフと連携して特定保健指導実施による生活習慣の改善等、従業員の健康保持・増進に取り組んでいます。また、喫煙率の低減による受動喫煙の防止など、従業員だけではなく家族の健康保持・増進にも繋がる取り組みに注力しています。

（出所）JFEホールディングス株式会社「有価証券報告書　2023年３月期」より抜粋

近年、企業の「健康と安全」をめぐっては、新型コロナウイルス感染症拡大への対応を無視することはできないであろう。３つ目の事例は神戸製鋼所である（図表３－12）。同社は、「2022年度安全衛生方針（重点実施項目）」のなかで「新型コロナウイルスに対する取組み（感染症BCP対応含む）」を掲げている。BCPはBusiness Continuity Plan（事業継続計画）の略称で、自然災害やパンデミックが発生した場合に事業資産の損害を最小化しつつ、事業の継続や早期の復旧を可能とするための方法や手段を策定するもので、緊急時の倒産や事業の大幅な縮小などのリスク管理に資するものである。自然災害だけではなく感染症についてもこのような計画を定

図表３－12　神戸製鋼所の有価証券報告書

＜安全衛生＞

「安全・衛生・健康は経営の基盤であり、全ての事業活動に優先する」という基本理念のもと、安全で安心して働くことのできる活気あふれた職場の実現に向けて、関係法令の遵守は当然のこと、様々な安全衛生活動を行っております。

「KOBELCOの３つの約束」からの安全行動規範

・私は、職場のルールを守ります。そして、仲間に家族に信頼される人になります。
・私は、仲間一人ひとりを大切にして、相互注意を実行します。
・私は、職場の設備・仕組みを改善し続け、一歩先の安全・安心を目指します。

重点目標（2022年度）

・死亡災害、重大災害（同時３人以上被災）：ゼロ
・休業災害度数率：0.10以下

■2022年度　安全衛生方針（重点実施項目）

安全	1.KY・安全確認を実践できる人材の育成と「スキル管理」の着実な推進 2.設備や作業の「リスク管理」と更なる安全化推進 3.安全衛生管理・活動のスパイラルアップの仕組みづくり 4.グループ会社(海外含む)の安全衛生管理・活動の強化と支援
衛生・健康	5.有害職場管理の仕組み定着化と作業環境改善の維持管理 6.メンタル疾患新規発症の予防(特に睡眠管理)と早期発見・早期対処の取組み 7.疾病ハイリスク者へのフォロー、及び喫煙率低減に向けた取組み 8.新型コロナウイルスに対する取組み(感染症BCP対応含む)

（出所）　株式会社神戸製鋼所「有価証券報告書　2023年３月期」より抜粋

めておくことは、顧客の信用を維持し、市場からの高い評価や企業価値の維持・向上につながるものと考えられている[4]。

⑷　その他（人権含む）

最後に、上記以外のその他のメイントピックについても業種別にみていく（図表３－13）。「企業文化／理念／パーパス」や「エンゲージメント」は１項で触れたとおりであるが、従業員の間での「企業文化／理念／パーパス」の共有や、それに基づいた必要な人材の明確化を図ることで、企業戦略の実現に取り組んでいるようだ。また、パーパスの共有を通じて、従業員の帰属意識、「エンゲージメント」の向上につながることもあると考えられる。業種別にみると、「企業文化／理念／パーパス」については「鉄鋼・非鉄」（92％）、「自動車・輸送機」（88％）、「電機・精密」（82％）が開示の割合が高く、業種によって割合の差が大きい。一方、「エンゲージメント」については「電気・ガス」（69％）などで開示の割合が高いが、

4　中小企業庁「中小企業BCP策定運用方針」（URL：https://www.chusho.meti.go.jp/bcp/contents/level_c/bcpgl_01_1.html）

図表３－13　その他のメイントピックに関する記述「あり」割合（全体・業種別）

業種名（カッコ内は企業数）	企業文化／理念／パーパス	人権	エンゲージメント	採用	配置	サクセッション	報酬・評価	労使関係
全体（380）	54%	25%	50%	43%	43%	35%	18%	4%
エネルギー資源（3）	33%	0%	0%	0%	67%	33%	0%	33%
医薬品(15)	27%	13%	47%	40%	47%	47%	33%	13%
運輸・物流(30)	37%	30%	47%	63%	43%	27%	7%	0%
機械（23）	74%	26%	35%	30%	13%	26%	9%	0%
金融（除く銀行）(17)	71%	35%	53%	53%	76%	35%	35%	0%
銀行（23）	70%	35%	57%	48%	57%	30%	61%	0%
建設・資材(26)	42%	27%	62%	54%	31%	54%	23%	8%
自動車・輸送機（17）	88%	18%	47%	18%	35%	29%	24%	24%
商社・卸売(21)	43%	33%	62%	52%	52%	33%	19%	0%
小売（12）	58%	17%	42%	50%	42%	50%	8%	17%
情報通信・サービスその他（53）	47%	30%	40%	36%	36%	17%	25%	0%
食品（18）	22%	17%	56%	39%	50%	67%	0%	6%
素材・化学(39)	28%	18%	46%	31%	38%	36%	8%	8%
鉄鋼・非鉄(13)	92%	46%	62%	46%	46%	23%	8%	0%
電機・精密(49)	82%	16%	59%	31%	45%	43%	6%	0%
電気・ガス(13)	46%	31%	69%	100%	69%	31%	31%	0%
不動産（8）	38%	25%	38%	75%	25%	25%	25%	0%

（注）　網掛けは全体の割合より高いことを示す。
（出所）　各社有価証券報告書より大和総研作成

業種ごとに大きな差はなく、多くの業種でエンゲージメントに関する開示を行っている企業が一定数みられる。

開示例として、ソニーグループでは「多様な人材が、『クリエイティビティとテクノロジーの力で、世界を感動で満たす』というPurpose（存在意義）のもと、事業や地域を超えてつながり、交錯し、テクノロジーやクリエイティビティを融合することで、新たな価値創造につなげています」とパーパスの共有について有価証券報告書に記載している（図表３－14）。また、“Special You, Diverse Sony”という人材理念に基づいた人事戦略に関しても言及している。この理念には、「異なる個性を持つ一人ひとりと、多様な“個”を受け入れるソニーとがPurposeを中心にともに成長し続けていく、いうメッセージ」が込められているとされている。採用に関しても、パーパスへの共感を喚起することを重要としている。さらに、人的資本の活用においては、「多様な社員の個性が最大限発揮できているかどうかは、Purposeへの共感度と社員エンゲージメントに集約される」という考え方が示されている。特に社員エンゲージメントについては、重要な指標として上級役員の業績連動報酬の評価指標の一部とされている。パーパスへの共感やエンゲージメントの向上に係る取組みの推進を通じ、持続的成長の実現が図られている。

続いて、「採用」（43％）に関しても４割強の企業が言及している。人的資本の確保の大きな入り口の１つになるのが、人材の採用である。日本においては新卒一括採用が大企業を中心に行われており、一度に採用した人材に対して「教育・育成」の機会を提供することで、必要なスキルを身につけさせる慣行がみられた。しかし、第１章で述べたとおり、労働慣行の変化に伴い、新卒一括採用では企業が望む人材を十分に採用できない状況に今後なっていくことが想定される。こうしたなか、企業はさまざまなかたちの採用に取り組んでいる。たとえば、中途採用の強化の１つとして、同じ職種・業種での就業経験がある者を採用するキャリア採用（経験者採

図表３－14　ソニーグループの有価証券報告書

(3) 人的資本に関する戦略ならびに指標及び目標

＜人事戦略 -「ダイバーシティ」と「個を求む」・「個を伸ばす」・「個を活かす」-＞

ソニーは、エレクトロニクス事業を起源として、半導体、音楽、金融、映画、ゲームにまで事業の幅を広げ進化を続けています。これら全ての事業をグローバルに展開しており、主要６事業のうち半数が本社を米国に置き、事業運営に最適な組織体制をグローバルに編成しつつビジネスを展開しています。そして、多様な地域で展開する多様な事業を支え、イノベーション創出の基盤となるのが、ソニーにとって最も重要な経営資源の一つである多様な人材です。ソニーでは、人と事業の「ダイバーシティ」を、「クリエイティビティ」「テクノロジー」と並ぶ「価値創造のドライバー」と位置づけており、全世界で活躍する約11万人の社員は、国籍や人種の多様性はもとより、事業の広がりによって職種も極めて多岐にわたり、各事業の成長の原動力となっています。これら多様な人材が、「クリエイティビティとテクノロジーの力で、世界を感動で満たす」というPurpose（存在意義）のもと、事業や地域を超えてつながり、交錯し、テクノロジーやクリエイティビティを融合することで、新たな価値創造につなげています。

ソニーは創業以来、個の自主性と挑戦を尊重し、会社と社員が覚悟と緊張感を持って「都度、お互いに選び合い、応え合う」対等な関係を大切にしてきました。人材理念である“Special You, Diverse Sony”には、企業文化として根付き継承されてきたソニーの人材に対する考え方が表現されており、異なる個性を持つ一人ひとりと、多様な“個”を受け入れるソニーとがPurposeを中心にともに成長し続けていく、というメッセージが込められています。

この人材理念にもとづき、グループ共通の人事戦略を「個を求む」・「個を伸ばす」・「個を活かす」と定義し、自発的な社員の挑戦と成長意欲を支援し、社員一人ひとりの力を最大限引き出す施策にフォーカスすることで、会社全体としての成果を最大化します。具体的な取り組みについては、各事業の人事責任者が、それぞれの事業や地域の特性に応じて最適な人事施策を策定・実行しています。

①　個を求む

Purposeへの共感を喚起し、高いスキルや専門性を持ち、挑戦心と成長意欲に満ちた多様な人材の獲得が重要だと考えています。採用活動では、世界トップレベルの人材を惹きつけるべく、世界各地のグループ会社と協力して戦略的に取り組んでおり、中長期視点での施策として産学連携による多様な人材の育成にも注力しています。また、事業や地域、社会環境に応じて様々なバックグラウンドを持つ人材の活躍につながる機会をグローバルで提供しており、例えば米国では、十分に機会が得られていない方々への早期育成や教育支援を行うとともに、その活動を多様な人材の採用に繋げています。

②　個を伸ばす

社員の成長には、自主性溢れる人材の挑戦を通した成長への高い意識と、それを最大限に発揮できる職務へのアサインメントが最も効果的であると考えています。そのため、役割に応じて求められる能力を体系化し、グループ全体でそれぞれの能力の強化を図っています。特に、ソニーグループの成長及び社員の成長には管理職の役割が大きいという考えのもと、マネジメント及び人事部署が管理職の中期的な育成の方向性を議論し、その視野や経験領域の拡大のために、リーダーシップ開発やコーチング等の様々な施策を行っています。また、各事業・機能において中核的役割を担う経営人材の育成を目的とした次世代リーダー育成プログラム「ソニーユニバーシティ」や、マネジメントの豊富な経験値を次世代に継承し、新たなグループシナジーや人材育成につなげることを目的とした「ソニークロスメンタリングプログラム」等を実施しています。

③　個を活かす

多様な個を活かすため、異なる個性やライフスタイル・ワークスタイルを持つ社員が成長を求めて挑戦できる、インクルーシブな職場環境の醸成が重要だと考えています。多様な社内募集制度（社内募集制度、社内FA制度、キャリアプラス制度等）やグループ全社員を対象とした学びと交錯の場、「PORT」の整備もその一例であり、PORTでは各種研修に加え、社員が自発的に開催するコミュニティ活動も行われています。

そして、多様な社員が個性を最大限発揮できているかどうかは、Purposeへの共感度と社員エンゲージメントに集約されると考え、定期的にそれらを確認する社員意識調査を実施しています。特に社員エンゲージメントは重要な指標ととらえ、当社上級役員の業績連動報酬の評価指標の一部に組み入れています。今後も社員のPurposeへの共感と社員エンゲージメント向上につながる取り組みを推進し、ソニーの持続的成長を実現します。

（出所）　ソニーグループ株式会社「有価証券報告書　2023年３月期」より抜粋

用）や、自社の退職者のネットワークを活用して退職者を再雇用するアルムナイ採用などがあげられる。そのほかにも、たとえば求める人材や多様性の観点からグローバル人材の採用を人的資本に関する取組みとして有価証券報告書に記載している企業もみられる。

また、「配置」（43％）についても、採用と同程度、4割強の企業において取組みや方針に関する開示が行われている。「採用」によって企業が人的資本を獲得し、「教育・育成」によってその価値を高めていくだけでは十分ではない。適切な「配置」を行い、そのスキルを活用することが企業価値を高めていくために必要である。また、従業員が望む「配置」は、従業員の働きがいやエンゲージメントの向上にもつながる。従業員の自律的なキャリア形成を促進するように、社内公募などを通じて適材適所の配置を実現することを図る企業が見受けられた。

たとえば、ワコールホールディングスは、基本方針に基づいて求める人物像を定め、経営戦略に基づく人的資本の課題の1つとして「会社の成長を担う人材の獲得・育成・登用」をあげている。そして、人的資本の最大化に向けた取組みとして、まず「人材獲得」に関して、新卒採用に加えて経営幹部候補人材や専門人材の補完など、総合職の採用人員の3～5割程度を経験者採用としていく予定であるとしている。また、成長支援の一環として人材育成やリスキリングに加え、キャリア形成について言及している。自己申告やキャリア面談だけではなく、異動先を希望する「社内ジョブチャレンジ」、グループ外の企業等への出向によって経験を得る「社外キャリアチャレンジ」といった制度や、社内公募の拡充によって、従業員の多様なキャリア開発の実現を早めることを目指している（図表3－15、3－16）。

人的資本に関する開示において、「サクセッション」（35％）、つまり継承について記載する企業も少なくない。第1章では、持続的成長に向けた長期投資（ESG・無形資産投資）研究会の議論のなかで、特に重要な事項

図表３－15　ワコールホールディングスの有価証券報告書①

②戦略

事業環境の不確実性がますます高まる中、ビジネスモデルの変革を早期に進めていくうえで、担い手となる人材に関する戦略の重要性は増すばかりです。とりわけ日本国内においては少子高齢化による労働力人口の減少が進み、これまで以上に人材獲得競争が激化することは確実であり、魅力ある企業であるための人材戦略を策定、実行していく必要があります。また、果断なく変革を進めていくためには、従業員個人のさらなる成長と、個の力を組織の力に結びつけるための環境や風土が必要です。

㈱ワコールにおいては、収益性の早期改善のための施策と並行して、中長期的に選ばれ、選ばれ続ける会社であるために、キャリア自律の支援・成長機会の提供（人材開発）、チーム力の最大化のためのマネジメント力強化（組織開発）、働きがいを支える制度・仕組み、ＤＥ＆Ｉ、Well-beingの実現（風土醸成）の３つの軸で取り組みを進めていきます。

人的資本戦略（対象：㈱ワコール）

基本方針	キャリア自律の更なる促進と働きがいが実感できる風土を醸成し、社員一人ひとりの個性・強みが発揮される”社員総活躍企業”を目指す
求める人物像	“自律革新型人材” 経営理念を尊重し、具現化できる人材 既成概念や現状の枠組みを見直し、熱意をもって革新できる人材 主体的に自己の能力を高め、新たな可能性にチャレンジできる人材 良好なチームワークを構築し、組織目標に貢献できる人材 健康的で健全な生活習慣を実践できる人材
経営戦略に基づく人的資本の課題	＜方向性＞ 少数精鋭の組織運営の実現＝個の成長×組織力の向上×魅力ある風土の醸成 早期に収益力を改善するための要員計画マネジメントと並行して、中長期的な成長のための人材育成・組織開発・風土改革を実行する。 〈重点課題〉 ①会社の成長を担う人材の獲得・育成・登用 ・事業ポートフォリオやビジネスモデルの変化に合わせた人材ポートフォリオに基づく、採用、育成を行う。 ・自律的なキャリア形成のための機会、時間の提供を拡大し、個の成長を支援する。 ②個の力を組織の成果に結びつけるためのマネジメント力の向上 ・サクセッションプランに基づく適正な登用・配置を強化する。 ・健全なフィードバック文化の醸成を通じ、マネジメント力・組織力の向上を実現する。 ③エンゲージメント・心理的安全性の高い組織風土の醸成 ・ＤＥ＆Ｉを推進し、多様な個が公正な環境下で活躍できる心理的安全性の高い風土を醸成する。 ・公正かつ時代に合った人事・報酬体系を実現するとともに、登用・任用基準・プロセスを明確にする。
人的資本の最大化に向けた取り組み	Ⅰ．人材獲得
	Ⅱ．成長支援（育成・リスキリング・キャリア形成）
	Ⅲ．マネジメント力の強化
	Ⅳ．ＤＥ＆Ｉの推進
	Ⅴ．Well-beingの実現

人的資本の最大化に向けた取り組み

Ⅰ．人材獲得

当社グループは、先人たちが前例にこだわることなく今日の企業グループを築いてきたように、今後も大胆に、また果敢にチャレンジする風土を大切にしながら、新風を吹き込み新しい価値を創造する多様性の尊重こそが競争の源泉になると考えており、新卒採用と同様に経験者採用（第２新卒採用、キャリア採用等）にも力を入れております。㈱ワコールでは、今後も引き続き、経営幹部候補人材、グローバルやEC、DX等の専門人材の補完など、総合職の採用人員の３～５割程度を経験者採用としていく予定でおります。

（出所）　株式会社ワコールホールディングス「有価証券報告書　2023年３月期」より抜粋

図表3－16　ワコールホールディングスの有価証券報告書②

＜キャリア形成＞

㈱ワコールでは、自ら異動先を希望できる「社内ジョブチャレンジ」制度、グループ外の企業や団体への出向によって社内では得られない経験を可能にする「社外キャリアチャレンジ」制度を拡充し、従業員が自発的にキャリアを広げる機会を増やすことで、イノベーションを起こすことができる人材の育成に取り組んでいます。また、定期社内公募の対象部門を拡大し、グループ会社も対象とする事によって選択肢を広げるとともに、応募対象者も拡大し、従業員と組織双方が積極的にキャリア開発や人材獲得に動ける仕組みを取り入れています。

Meet My Careerプログラム：

㈱ワコールは、従業員が自らのキャリアを主体的かつ前向きに切り拓いていくことを目的にした、キャリア形成に伴う多様な制度・仕組みを拡充し、キャリア自律を促進することによって働きがいの向上と組織の活性化を目指す「Meet My Careerプログラム」を導入しております。このプログラムでは、従来型の自己申告やキャリア面談、研修・自己啓発、異動に加えて、ジョブチャレンジや社内公募、社外キャリアチャレンジ、長期休職、副業など、従業員が主体的にキャリア・可能性を切り拓くための機会を供する制度を体系的に示すことによって、従業員に対して多様な働き方の能動的な実践を促し、同時に今までと異なるスキルを身につけ、磨く機会を供し、個々人の多様なキャリア開発の実現を早めることを目指しております。さらに2024年3月期からは、総合職の新入社員の配属にあたり、受け入れを希望する部門と新入社員のマッチングを行うイベント（Meet My First Career）を開催する等、新たな取り組みを行っています。

プログラム名	実施目的	人数（人）	
		2022年3月期	2023年3月期
ジョブチャレンジ、社内公募	自律型人材形成の一環として 「ジョブチャレンジ」自らの意思と意欲を前提に自己異動希望を示す者に、ジョブローテーションの機会を支援し、組織全体の活性化につなげる。 「社内公募」組織自らが求める人材を得ることで部門の強化を図り、社内組織全体を活性化につなげる。	15	18
社外キャリアチャレンジ	変化の激しい時代において、社外での就業経験を通して多様な視点や価値観を取り入れ、知識のアップデート、リスキルを行うことで、適応力やレジリエンスを高めることにつなげる。	19	38
副業申請者	1．社外での活動に携わる中で、自身のスキル・能力・専門性を高め、本業での発揮能力を高める。 2．今後のキャリアを見据えたうえで、社外ネットワークの構築及び新たな知見、スキルを獲得する。 3．自分の趣味や興味のあることに取り組み、更なる収入を得ることで多様なライフの充実を実現する。	40	38
長期休暇制度 利用者	「自己啓発・自己開発を目的とした場合」と「配偶者が転勤、または遠隔地に居住する者と婚姻した後」において、一定期間の休職を認めることにより、就業継続を支援する。	3	5

（出所）　株式会社ワコールホールディングス「有価証券報告書　2023年3月期」より抜粋

の1つとして「後継者の育成」があげられたと前述した。そうしたなか、企業における「サクセッションプラン」、経営者を含む重要なポジション等の候補である後継者育成計画の重要性は高い。たとえば、コーポレートガバナンス・コードにおいても「取締役会は、会社の目指すところ（経営理念等）や具体的な経営戦略を踏まえ、最高経営責任者（CEO）等の後継者計画（プランニング）の策定・運用に主体的に関与するとともに、後継者候補の育成が十分な時間と資源をかけて計画的に行われていくよう、適切に監督を行うべきである」(補充原則4－1③) と規定されている。

森永製菓は「経営計画に連動した人材育成」の1つとしてサクセッションプランの策定・推進を行っている。役員候補、部長候補、マネジャー候補のそれぞれの段階においてコーチングや研修が実施されている(図表3－17)。

「報酬・評価」(18%) について有価証券報告書に記載している企業も一部みられる。従業員がスキルを形成し、自らのキャリアにおいてそのスキルを発揮することに対して、企業が適正な評価をし、報酬を支払わなければ、雇用の流動性が高い場合には人的資本は社外に流出してしまうだろう。こうした評価・報酬は企業にとってはコストであると同時に、人的資本に対する投資でもある。人的資本の価値に整合的な評価制度や報酬体系が構築されていたり、福利厚生が充実していたりすることで、人材が定着すると考えられる。企業によっては、株式報酬を導入することで、従業員

図表3－17　森永製菓の有価証券報告書

b. 人材育成

「人材育成」については、「経営計画に連動した人材育成」と「個人のキャリア開発」との両立を目指しております。「経営計画に連動した人材育成」として、サクセッションプランの策定・推進、専門人材の確保・育成を実施するとともに、「個人のキャリア開発」を支援する取組み等を充実させております。

Ⅰ. サクセッションプランの策定・推進

ⅰ. 役員候補：エグゼクティブコーチング

数回に及ぶプロフェッショナルコーチとの1対1のコーチングを通して、全社リーダーとしてのあり方などのテーマで、自ら気づきを得る機会を設けております。

ⅱ. 部長候補：他流試合型研修、森永レシピ研修

他流試合型研修は、会社で選抜した従業員を派遣し、他社の選抜層と共に社会課題などのテーマについてディスカッションを行い、社会を捉える視野の拡大や外部との共創力の醸成等を図ります。森永レシピ研修は、問題解決のフレームワークを学ぶワークショップで、2019年度にスタートして以降、累計で200名強の受講者がおります。

ⅲ. マネジャー候補：次世代リーダー研修

30歳代の選抜社員に対し、9ヶ月にわたって次世代リーダーに求められる要件開発に取り組む研修を実施しております。現在4期まで実施しており、累計の受講者は49名であります。一部の受講者は既に職位を担っております。

(出所)　森永製菓株式会社「有価証券報告書　2023年3月期」より抜粋

の企業価値向上に対するモチベーションを高めているようなケースもみられる。

また、たとえば労働組合と企業の間で労働条件等を含む協約や労使間のやりとりといった「労使関係」（4％）について開示をしている企業も少数あった。

最後に、人的資本と「人権」（25％）に関する開示について言及したい。今回の有価証券報告書の開示においては、「人権」に関する開示として2つのケースが見受けられた。1つが、人的資本に関する開示の1つとして「人権」について記載しているケースである。有価証券報告書で人的資本に関して開示が求められている「社内環境整備方針」の一環として、企業の人権に関する方針、それを従業員に対する人権研修等を通じて従業員のなかで共有していることや、人権デューデリジェンスの実施などについて記載している場合も見受けられた。たとえば、中国電力は有価証券報告書の人的資本の開示のなかで、人権の尊重について記載している。すべての役員、従業員が人権尊重の考え方を共有・実践していくための「中国電力グループ人権方針」を開示している。また、人権問題解決のために従業員に対して人権研修が実施されている（図表3－18）。

もう1つが、サステナビリティ情報の1つとして人的資本に関する開示とは別に「人権」について記載しているケースである。今回の調査対象のなかでも、一定数の企業の有価証券報告書では、顧客、サプライヤーなどの幅広いステークホルダーに関する人権課題に、企業としてどのように対応していくのかという観点で、人権を人的資本とは別個のものと考え、サステナビリティに関する1つの項目として開示している場合があった。たとえば、三井住友フィナンシャルグループは、気候変動、自然資本、人的資本と並ぶかたちで、人権の尊重について記載している（図表3－19）。人権に関する指導原則に沿って、リスクにどのように対応しているかを図示している。また、「事業活動を通じて関与し得る人権への負の影響につ

図表3－18　中国電力の有価証券報告書

〈人権の尊重〉

当社グループは、すべての人々の人権を尊重することを事業活動の根底におき、いかなる差別も行わず、人権が真に尊重される社会の実現に向けて取り組むことを企業行動憲章に掲げる行動原則の一つとして明示している。その具体的行動指針として、当社グループの全役員及び全従業員が人権尊重の考え方を共有し、実践していくため、「中国電力グループ人権方針」を策定している。

> 中国電力グループ人権方針
>
> 中国電力グループは、信頼され成長し続ける企業グループを目指し、人権尊重の理念を経営の基本に置き、人権が真に尊重される職場や社会の実現に努めます。
>
> 1．人権方針の適用
>
> 中国電力グループは、「エネルギアグループ企業行動憲章」に掲げる“人権の尊重”を徹底し、人権侵害を排除していくための指針として人権方針を策定し、中国電力グループのすべての役員および従業員に適用します。
>
> 中国電力グループのみならず、サプライチェーンにおける取引先などのビジネスパートナーの皆さまにも、本方針の内容をご理解いただけるよう働きかけます。
>
> 2．人権啓発の推進体制
>
> 中国電力人材活性化部門長を委員長とする人権啓発推進委員会において、人権方針に掲げる事項の実践に係る検討、チェック、改善を行います。
>
> 3．人権デュー・ディリジェンス
>
> 国連の「ビジネスと人権に関する指導原則」に定める人権デュー・ディリジェンスの仕組みに則り、人権への負の影響を特定し、予防・軽減するよう取り組みます。
>
> 「いかなる差別も行わない」という考えのもと、中国電力のリスク管理の考え方に則り、人権課題に適切に対応していきます。
>
> 4．社内啓発
>
> 人権方針が理解され、浸透、定着していくよう、全従業員に対する啓発活動を継続的に実施します。
>
> 5．社外との対話
>
> 事業活動における人権への影響について、ステークホルダーによる視点で対応するため、労働組合、サプライヤー、外部専門家等との対話を行います。
>
> 6．情報公開
>
> 人権尊重に係る取り組みの状況等について、積極的に開示します。
>
> 7．救済
>
> 人権に関する相談窓口を社内外に設け、相談に対し適切に対応していくなど、救済措置を講じます。

これまでも、同和問題やハラスメントなどの人権問題についての認識を深め、人権問題の解決に向けた行動につながるよう、当社においては、全社員対象の職場研修をはじめ、新入社員・新任ライン長など階層別の研修を毎年計画・実施するなど、人権啓発に取り組んでいる。

「中国電力グループ人権方針」のもと、事業活動の中で社会から求められている人権尊重の考え方を深く理解し、人権に関する課題に真摯に向き合い、人権の尊重に留意して業務に取り組むことで、人権が真に尊重される職場や社会の実現に努めていく。

（出所）　中国電力株式会社「有価証券報告書　2023年3月期」より抜粋

図表３－19　三井住友フィナンシャルグループの有価証券報告書

④　人権の尊重

イ．人権尊重の考え方

当社グループは、人権尊重責任は企業が果たすべき責務と認識しております。当社グループでは、「『ビジネスと人権』に関する行動計画」や「責任あるサプライチェーン等における人権尊重のためのガイドライン」などの指導原則に沿って、当社グループが人権の権利主体に対し与えうる負の影響と、多岐にわたるステークホルダーから当社グループ自身が被る影響の双方向の人権に関するリスクを踏まえたアプローチにより、当社グループは社会に対する「正の影響（ポジティブインパクト）」を極大化し、持続可能な社会の実現に貢献してまいります。

＜人権尊重の考え方＞

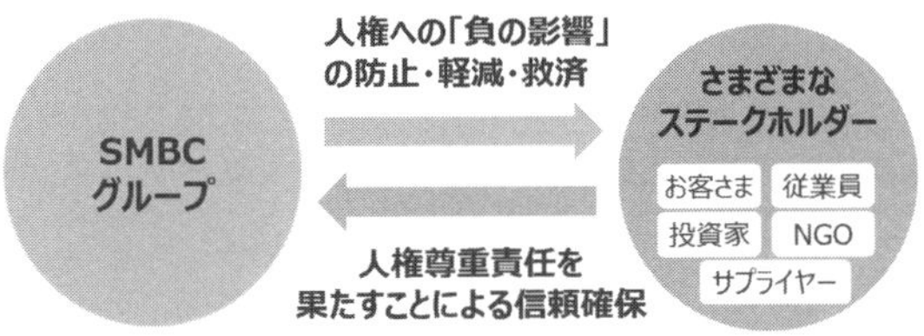

ロ．重要な人権リスクの特定・評価

当社グループは、事業活動を通じて関与し得る人権への負の影響について、お客さまとの取引、サプライヤー取引、従業員の３つの観点で分析し、想定されるリスクについて深刻度・発生可能性の観点から重要度の高いものを特定しております。

2022年度に特定した重要な人権リスクについては、今後も定期的な見直しを行いながら、これらの人権への負の影響の防止・軽減に重点的に取り組んでまいります。

＜重要な人権リスク事例＞

リスクの対象	特定したリスクの例
お客さまとの取引を通じた人権リスク	• 融資やリース取引等を通じて、サプライチェーン上の人権侵害に関与するリスク（強制労働・児童労働・労働安全衛生問題） • 投融資等を通じて、先住民・地域住民の権利侵害を助長または関与するリスク • 環境・気候変動に悪影響のある事業の助長、あるいはそれに関与することにより人権侵害につながるリスク • テクノロジー・AI発達に伴うプライバシー侵害のリスク • 取引制限を行うことで差別につながるリスク
サプライヤーとの取引を通じた人権リスク	• サプライヤーにて十分な賃金が支払われていない、規定日迄に給料が支払われないリスク • サプライヤーとの取引を通じて、サプライヤーにおける長時間労働を誘発するリスク • サプライヤーとの取引を通じて、処罰の脅威等による強制的な労働を助長するリスク • サプライチェーン上の企業にて、人種、性別、言語、年齢等を理由に採用、昇進昇格、賃金等について、合理的理由なく差別したり、不利益を与えたりするリスク
従業員に関する人権リスク	• 過剰・不当な労働時間での勤務を強いるリスク • 同僚に対してハラスメント（パワハラ／セクハラ／マタハラ／ケアハラ等）を行うリスク • 差別・ジェンダーに関する人権リスク • 従業員のプライバシーを侵害するリスク

（出所）　株式会社三井住友フィナンシャルグループ「有価証券報告書　2023年３月期」より抜粋

いて、お客さまとの取引、サプライヤー取引、従業員の3つの観点で分析」している。

人権問題は企業にとっての大きなリスクであり、社会的責任を果たすうえでの課題である。サステナビリティに関する委員会の下に人権に関するワーキング・グループを設置して対応を行っている企業も見受けられる。従業員の人権に係るリスクがあるほか、従業員や役員の間で人権問題について共有することで企業として人権リスクに対応することができるなど、人権と人的資本は大きく重なっている。第2章で述べたが、国際サステナビリティ基準審議会（ISSB）も、今後取り組むプロジェクトの候補として「人権」をあげているが、そのなかで人権と人的資本の重複やつながりについて言及しており、両者の境界やつながりを明確化することが想定されている。

Column エンゲージメント向上には多様かつ持続的な取組みが必要

本書で調査対象としたTOPIX500採用銘柄（2023年3月決算企業に限る、全380社）のうち、半数以上の企業が有価証券報告書における人的資本の「戦略」の欄に“エンゲージメント”に関する記述を行い、「指標及び目標」の欄でエンゲージメントスコア（エンゲージメント調査の結果をスコア化したもの）を開示していた。証券市場で“エンゲージメント”といえば、投資家と投資先企業が対話を通じて相互に理解を深め合うことを指すが、人的資本におけるエンゲージメント（従業員エンゲージメント）は、従業員の勤務先企業に対する共感や帰属意識、貢献意識を指す。

似た言葉でワーク・エンゲージメントがあるが、こちらはオランダにあるユトレヒト大学のSchaufeli教授らが提唱した概念で、「仕事から活力を得ていきいきとしている」（活力）、「仕事に誇りとやりがいを感じている」（熱意）、「仕事に熱心に取り組んでいる」（没頭）の3つがそろった、ポジティブで充実した心理状態を指す（※1）。仕事に対しての心理状態であり、勤務先企業に対する共感や帰属意識、貢献意識は含まない。

経済産業省が2022年5月に公表した「人的資本経営の実現に向けた検討会報告書～人材版伊藤レポート2.0～」では、経営戦略の実現に向けて社員が能力を十分に発揮することの必要性を指摘している。そのため、エンゲージメントレベルの把握、分析を行うこと、エンゲージメントを高める施策としてストレッチアサインメント（スキルや経験に鑑みて、簡単に達成できないハードルの高い仕事を割り当てること）や、広いポジションについて公募制を導入すること、副業・兼業等の多様な働き方を推進すること、健康経営への投資に取り組むことを提案している。

企業がエンゲージメントレベルの把握、分析を行うためには、従業員に対しエンゲージメント調査を実施する必要がある。質問項目は企業ごとに異なるが、代表的な質問項目として知られるのは米国・GALLUP社の“Employee Engagement Survey”の12項目である。「自分に何が期待されているか理解している」「自分の上司や同僚は一人の人として自分のことを気にかけてくれている」「過去1年の間に自分の学びや成長につながる仕事をする機会を得られた」といった質問内容が並ぶ。この12項目を基に同社が実施した調査によれば、日本は仕事や職場に対する関心、熱意を持つ従業員の比率が5％であり、世界全体の23％に比べると低い結果であった（※2）。

エンゲージメントを高めるためには、前掲の人材版伊藤レポート2.0で指摘されているとおり、仕事の割当てや人材配置の工夫、多様な働き方の推進など、さまざまな施策を行う必要がある。一朝一夕に改善できるものではないため、企業ごとに優先順位を考えながら、継続的に取り組むことが求められる。

（※1） 厚生労働省「令和元年版 労働経済の分析―人手不足の下での「働き方」をめぐる課題について―」労働経済白書（令和元年9月27日閣議配布）p.171

（※2） 比率は12の質問項目を基にGALLUP社が算出したもの。詳細はGALLUP“State of the Global Workplace 2023 Report”を参照。

第2節

人的資本に関する指標の開示

1　人的資本の「指標及び目標」

(1)　メイントピックごとの「指標及び目標」の設定状況

ここからは人的資本の「戦略」に関する「指標及び目標」（人材の多様性の確保を含む人材の育成に関する方針、社内環境整備に関する方針に関する指標、目標、実績）について述べる。前節では、調査対象としたTOPIX500採用企業（3月決算会社に限る、全380社）の「戦略」において、「D&I」「教育・育成」や「健康と安全」について言及する企業が多いことがわかった。本節では同じ調査対象企業の「指標及び目標」について分析する。

「指標及び目標」に関しては前節と同様、時価総額上位50社をサンプリングし、開示されている内容からキーワードを抽出した。そのうえで、調査対象の380社の「指標及び目標」のテキストデータをEDINETタクソノミの関連タグに基づき抽出し、キーワードをもとに11のメイントピックに分類・集計した。なお、「指標及び目標」のテキストデータには指標ではなく定性的な取組みも記載されている。そのため、女性管理職比率やエンゲージメントスコアのような指標が掲げられていなくとも、なんらか基本的な考え方や今後指標を検討するといったような記載もカウントされている点は本節の留意点として指摘しておきたい。

開示している企業の割合が最も多かったのは、やはり「D&I」に関連する指標であり、調査対象の約8割が関連する「指標及び目標」を開示していた。その次に開示が多かったのは「エンゲージメント」で約5割の企業が開示していた。一方「戦略」に多く記載されていた「教育・育成」や

「健康と安全」に関してはどちらも約３割の開示にとどまった。

⑵　「D&I」の指標及び目標

今回多くの企業が設定している「D&I」の「指標及び目標」だが、その多くを占めるのは「女性活躍」に関するものである。380社のうち73％の企業が女性役員比率や女性管理職比率、採用に占める女性の比率、育児休暇からの復職率などを開示している。従業員の状況で開示する多様性に関する指標で女性管理職比率があげられていることから、その数値を参照している企業も少なくない。多様性に関する指標としては男性の育児休業取得率や男女間賃金格差も開示が義務化されたが、これらを「指標及び目標」として開示しているのは同41％であり、相対的に少ない状況である。それ以外では、管理職に占める中途採用者や外国人の比率、海外拠点の現地人社長の比率など、外国人、中途／経験者の採用や登用に関する指標を開示している企業もあった。

「戦略」で多くの企業が言及している「働き方／WLB」に関して、男性の育児休業取得率以外の指標を示す企業は少数であったが、リモートワーク（テレワーク）の実施率や、有給休暇の取得率を開示する企業がいくつか確認できた。たとえばエヌ・ティ・ティ・データ（NTTデータ）は「働く時間と場所を柔軟に設定できる環境の整備」として「リモートワーク環境適用率」と「有給休暇取得率」を掲げている（図表３－20）。なお、前節にも記載のとおり「働き方／WLB」に関しては「D&I」の観点だけでなく「健康と安全」の観点から「戦略」としてとらえている企業もあり、「指標及び目標」において「有給休暇取得率」などを「健康と安全」の観点から開示しているケースもある。

⑶　「エンゲージメント」の指標及び目標

エンゲージメントとは社員の（勤務先企業に対する）共感や帰属意識、貢献意識を指すが、これを把握する方法として近年従業員エンゲージメント調査を実施する企業が増えている。これに似たものとして従業員満足度

図表3－20　エヌ・ティ・ティ・データの人的資本に関する「指標及び目標」

④ 指標及び目標

当社では、各取り組みの進捗をモニタリングしながら、3つの方針である「Advanced Training」、「Promote Diversity Equity & Inclusion」、「Future Workplace」によって人財・組織力の最大化をめざします。

当社グループで定めている指標及び目標は以下のとおりです。

	取り組み		指標	実績（2022年度）	目標（2023年度）	
Advanced Training	プロフェッショナル人財の育成		プロフェッショナルCDP新規認定者数	1,470名[*1] （19,400名[*2]）	1,500名[*1]	・社員エンゲージメント率 73%以上[*3] ＜FY22実績:73%＞ ・社員エンゲージメントサーベイ 人財戦略3項目の 向上率10%以上[*4] （2025年度までに）
	グローバルに活躍できる人財の育成		グローバル経営人財育成プログラム（GLP）新規修了者数	31名[*2]	20名[*2]	
Promote Diversity Equity& Inclusion	多様な人財が活躍できるカルチャーの醸成	性別[*5]	女性管理職比率	9.0%	15%以上 （2025年度）	
			女性新卒採用比率	35.2%	30%超	
			男女育休取得率	（男性）75.4% （女性）101.7%	100%	
			男女育休復職率	（男性）99.3% （女性）97.6%	100%	
		障がい者	障がい者雇用率	2.3%	2.3%以上	
		経験者	経験者採用率	48.1%	30%	
		DEI理解	人権及びDEIに関する研修受講率	100%	100%	
	高い専門性に応じた多様なキャリアパスの実現		一般社員のキャリア面談実施率	－	75%	
Future Workplace	働く時間と場所を柔軟に設定できる環境の整備		リモートワーク環境適用率	100%	100%	
			有給休暇取得率	85.2%	87%	

（注）　特に記載がない限り、当社単体の集計値を記載

*1　当社単体、国内グループ会社及び一部海外グループ会社の集計値

*2　当社グループ連結（国内、海外グループ会社含む）の集計値

*3　社員エンゲージメント率について国内は毎年調査、海外は隔年調査（海外を含めた当社グループ連結の2021年度実績は76%）

*4　社員エンゲージメントサーベイの、成長の機会、多様性の受容、カルチャー・風土に関する3つの設問の向上率の合計が2022年度実績から10%以上となることをめざす

*5　管理職に占める女性労働者の割合、男性労働者の育児休業取得率及び労働者の男女の賃金の差異についての実績は、「第1　企業の状況　5　従業員の状況　(4) 管理職に占める女性労働者の割合、男性労働者の育児休業取得率及び労働者の男女の賃金の差異」に記載しております。

（出所）　株式会社エヌ・ティ・ティ・データ「有価証券報告書　2023年3月期」より抜粋

調査がある。従業員満足度調査は従業員の仕事や職場環境の満足度を調べる調査であり、厳密にはエンゲージメント調査とは異なるが、本書の分析ではエンゲージメントだけでなく従業員の満足度や働きがいなどに関する調査も「エンゲージメント」の「指標及び目標」としてカウントしている。

エンゲージメント調査や従業員満足度の結果（スコア）を開示する企業が多いが、全体のスコアではなく、項目別のスコアを開示する企業もある。日清食品ホールディングスはグループビジョンを軸として人材育成方

図表３－21　日清食品ホールディングスの人的資本に関する「指標及び目標」

② 人材育成方針及び社内環境整備の方針に関する指標の内容並びに当該指標を用いた目標及び実績
　組織のありたい姿を実現するためのマイルストンとして、指標ごとに下図の通り目標値を設定しております。年度ごとにモニタリングしながら人事施策に活かしてまいります。

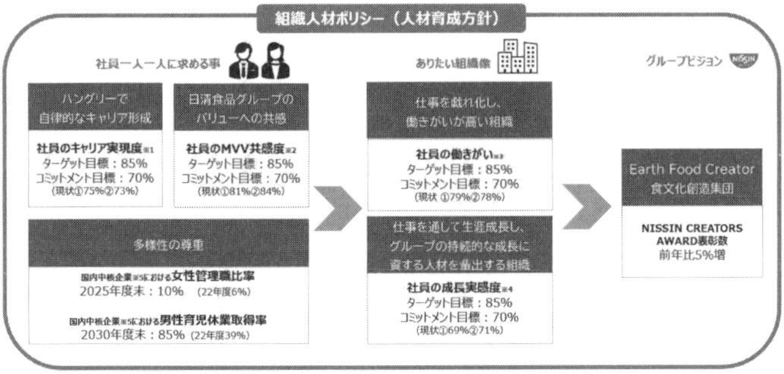

※１～４　社員エンゲージメント調査のポジティブ回答比率を目標値としている
MＶＶはミッション・ビジョン・バリューを指す
①は国内中核企業（日清食品ホールディングス㈱、日清食品㈱、日清食品チルド㈱、日清食品冷凍㈱）の2022年度の実績値
②は海外含む主要事業会社の数値。海外事業会社のエンゲージメント調査は隔年実施のため数値は2021年度の実績値

※５　国内中核企業における比率は、グループ会社への出向者を含めた日清食品原籍の社員の集計値を指す

（出所）　日清食品ホールディングス株式会社「有価証券報告書　2023年３月期」より抜粋

針を作成しており、組織のありたい姿を実現するためのマイルストンとして、指標と目標を設定している。そのうち「社員のキャリア実現度」「社員のMVV共感度」「社員の働きがい」「社員の成長実感度」は社員エンゲージメント調査のポジティブ回答比率を目標値としている（図表３－21）。

⑷　「教育・育成」の指標及び目標

「戦略」では「教育・育成」について多くの企業が言及していたが、「指標及び目標」での言及は相対的に少なかった。開示されている「指標及び目標」を確認すると、大きく①時間、②費用（投資額）、③人数、の３軸に分けられる。①は企業が教育・育成にかけた時間であり、従業員１人当りが受けた研修時間を開示する企業が多かった。総研修時間と併記する企業もあった。②は教育・育成にかけた費用であり、投資総額もしくは従業員1人当りの投資額について開示する企業が多い。③に関しては研修を受けた従業員の数である。ただし、対象者や研修の範囲など集計方法はさまざまである。たとえば開示企業単体の数値を公表している企業もあれば、主要グループ各社の数値を集計して公表している企業もある。集計対象を正社員と明記している企業もあるが、特に対象を明確にしていない企業も少なからずある。人事部門以外が行う研修（部門ごとに行っている研修や社外研修など）を集計対象とするか、コンプライアンスや労働安全衛生に関する研修を集計対象とするか、そもそも研修にかかった費用の範囲も、必ずしも明確な線引きがあるわけではないため、各社の判断によって異なる。可能な範囲で注記として記載することが望ましいだろう。

また、一部の企業では提供したプログラムの数を指標として開示していた。たとえば、ソフトバンクはデジタル人材確保・育成の取組みを測定す

図表3－22　ソフトバンクの人的資本に関する「指標及び目標」（一部抜粋）

デジタル人材確保・育成の取組(事業即応性)

項目	内容	指標	目標	2022年度実績
ソフトバンクユニバーシティ	ソフトバンクユニバーシティ(SBU) は、経営理念の実現に貢献する人材の育成を目的として2010年９月に設立した実践的プログラムを提供する育成機関です。従業員の多様性を尊重し、個性豊かな人材の育成を実現するために、従業員による自律的なキャリア開発が行われることを重視しています。このような考え方の下、ソフトバンクユニバーシティでは、会社主導の一律的なキャリア開発や研修体系ではなく、従業員が自己のキャリア目標に合わせて主体的に選択していくという自律的なキャリア開発の仕組みを整えています。 役職・役割が変わる節目(新入社員、管理職等)で必要となるスキルの取得や成長をサポートする階層別プログラムの他、eラーニング、動画配信など、ICTをフルに活用したソフトバンクらしい学習スタイルも提供しています。	受講者数	受講機会の継続的な創出	約24,100名(延べ)
		提供プログラム数	ニーズに合わせたコンテンツの継続的な提供	SBU集合研修：62コース eラーニング：62コース
AI人材育成プログラム AI Campus	エンジニア職だけでなく、利用者・サービス企画者等含めた社員全体のAIスキル習得を目指し、2021年度よりAI人材育成プログラム(AI Campus) をリリースし、プログラム提供に力を入れています。 具体的には初学者から学べるeラーニングの提供や、日本ディープラーニング協会が実施するG検定、E資格の学習支援や、外部の有識者による講演会等を随時実施しています。	コンテンツ受講者数	受講機会の継続的な創出	5,168名(延べ)

（出所）　ソフトバンク株式会社「有価証券報告書　2023年３月期」より抜粋

る指標として、研修を受講した人数だけでなく集合研修とｅラーニングを通じて提供するプログラム数をあげている（図表３－22)。

⑸ 「健康と安全」の指標及び目標

「健康と安全」も「戦略」では言及が多かったメイントピックであるが、「指標及び目標」での言及は相対的に少なかった。「健康と安全」に関しては、業務における労働災害を防ぐという観点と、日頃の健康状態を良好に保つという２つの観点がある。前者に関して開示されている「指標及び目標」を確認すると、たとえば、死亡・重傷災害発生件数、労働災害度数率（100万延べ実労働時間当りの労働災害による死傷者数）などを開示する企業が多い。後者に関しては、定期健康診断受診率や喫煙率、生活習慣病対策としてBMI値（Body Mass Index：体重と身長から算出される体格を示す指数で、肥満や低体重の判定に用いられる）を指標とする企業も確認できた。体だけではなく、心の健康状態（メンタルヘルス）を健全に保つため、ストレスチェックの受検率などを開示しているケースもある。

また「企業文化／理念／パーパス」に関しては、企業文化／理念／パーパスの浸透を目的とする研修の実施回数や、組織風土の醸成を目的とした創業地訪問の参加人数、経営陣と従業員の対話の実施回数といったものがあげられる。「配置」に関しては重点分野に配置する従業員の人数や、社内公募の応募者数や社内副業制度の応募数、「報酬」に関連するものとしては、昇給率、株式報酬制度の導入などがあり、各社の目指す「戦略」に応じたさまざまな「指標及び目標」の設定がみられた。

2　従業員の状況

⑴　開示状況

(i)　開示の範囲

ここでは、有価証券報告書の「従業員の状況」欄で公表することが定められた多様性に関する指標である、「女性管理職比率」「男性の育児休業取得率」および「男女間賃金格差」(以下、これら3つをまとめて「多様性指標」と表記)に関する開示の有無と開示する範囲(連結対象をどこまで開示しているか)のパターンを確認する。

サステナビリティ情報開示をめぐっては、財務情報のように連結ベースで開示をするのが適切なのかどうかという議論が存在する。改正開示府令では連結での開示は「努力義務」とされ、単体での開示も可能とされたが、実際の開示ではどうなっているのか。

図表3－23は、分析対象380社について、開示の範囲に注目して分類したものである。まず、提出会社について開示するか否かで大きく分けられ、ほとんどの企業が開示している。提出会社について開示している企業のなかでみると、「提出会社＋連結子会社」と、提出会社に加えて主要な連結子会社の指標を個社ごとに開示する企業が最も多い。そのほかには、「提出会社のみ」や「提出会社＋連結子会社」に加えてなんらかの集計値を開示する企業もみられた。

提出会社について開示しない企業のなかでは、「連結子会社のみ」を開示する企業が多い。その他、「連結子会社＋なんらかの集計値」や「なん

図表3－23　有価証券報告書における多様性指標の開示の範囲(%)

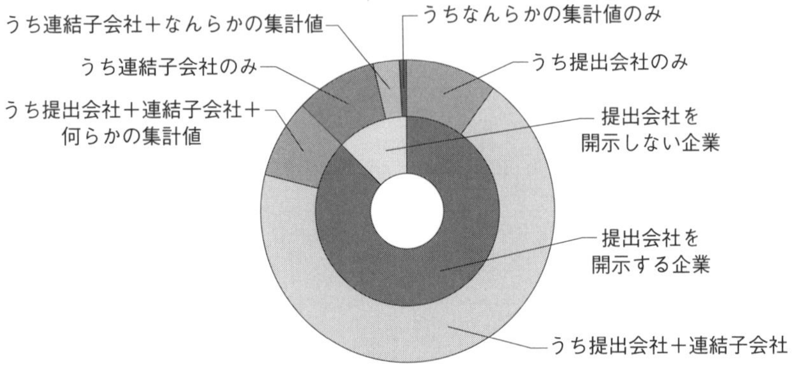

(出所)　各社有価証券報告書(2023年3月期)より大和総研作成

らかの集計値のみ」を開示する企業が確認された。

多様性指標については、連結ベースでの開示までは義務づけられておらず、提出企業および連結子会社のうち、女性活躍推進法において公表義務の対象となっている企業について記載を求めている。「提出会社＋連結子会社」について開示する企業の多さは、この要請に対応した結果と考えられる。なお、主要と判断されないその他の連結子会社については、有価証券報告書の「その他の参考情報」に記載することも可能とされているが、このような開示を行う企業はわずかで、「その他の参考情報」欄の活用は限定的とみられる。

(ii) 多様性指標の現状

多様性指標の現状をデータの特徴から確認したい（図表３－24)。なお、前述のとおり企業によって開示の範囲はさまざまである。ここでは、各社の有価証券報告書において１番目に開示された企業（ほとんどは提出企業で、提出会社の開示がない企業は主要な連結子会社である場合が多い）が対象となっている。

女性管理職比率からみていきたい。ここでの管理職比率とは、女性活躍推進法等に基づき算出される「管理職に占める女性労働者の割合」（女性

図表３－24　有価証券報告書で開示された多様性指標の特徴

多様性指標	平均値	中央値	最大値	最小値	企業数
女性管理職比率	9%	6%	50%	0%	368
男性育児休業取得率	63%	61%	150%	0%	367
男女間賃金格差（全労働者）	67%	68%	99%	32%	374
（正規）	70%	71%	100%	37%	373
（非正規）	67%	66%	273%	12%	362

（注）　多様性指標は開示が義務とならない場合もあるため、企業数は指標ごとに異なる。

（出所）　各社有価証券報告書（2023年３月期）より大和総研作成

の管理職数を全体の管理職数で除したもの）である。「管理職」とは、「課長級」（呼称や組織の構成、構成員数、または職務の内容および責任の程度によって判断される）と「課長級より上位の役職（役員を除く）」にある労働者の合計と定義される。

女性管理職比率の平均値は９％であるが、中央値（６％）との差がやや開いている。平均値が中央値より大きい値を示していることから、女性管理職比率が極端に高い企業の影響を受けていることが読み取れる。なお、最大値は50％、最小値は０％である。

次に、男性の育児休業（以下、「育休」と略記）取得率をみてみよう。ここでの取得率とは、「育児休業等の取得割合」（育児休業等をした男性労働者の数を、配偶者が出産した男性労働者の数で除したもの）または「育児休業等と育児目的休暇の取得割合」（育児休業等をした男性労働者の数、および小学校就学前の子を対象とした育児を目的とした休暇制度を利用した男性労働者の数の合計数を、配偶者が出産した男性労働者の数で除したもの）のいずれかである。

男性の育休取得率の平均値は63％（中央値は61％）である。取得率の分布範囲は０％から150％までと広いが、平均値が中央値よりも大きく、一部の高い取得率の影響を受けていると考えられる。「育児目的休暇」とは、育児・介護休業法で企業の努力義務とされた、育児に関する目的で利用できる休暇制度のことで、配偶者出産休暇や子の学校行事参加のための休暇制度などが含まれる。取得率が100％以上を示す企業数は52社であるが、取得率の計算方法によっては分子にこのような社内制度の利用者が含まれるため、大きい値が生じやすくなっていると考えられる。休暇の期間は問われないため、１日でも「育児休暇」あるいは「育児目的休暇」を取得した男性は分子に計上される。

男女間賃金格差については、すべての労働者に加え、正規雇用労働者と非正規雇用労働者の３つの区分での開示が求められている。「正規雇用労働者」は、一般事業主が直接雇用し、期間の定めなくフルタイム勤務する労働者及び短時間正社員として、「非正規雇用労働者」は、パートタイム・有期雇用労働法で規定される短時間・有期雇用労働者（派遣労働者は派遣元事業主の算定対象とし、派遣先事業主の「非正規雇用労働者」からは除外する）として定義される。「すべての労働者」とはこれらの合計である。

また、「賃金」は労働基準法に規定される「賃金」で、手当や賞与なども含め、労働の対価として使用者が労働者に対して支払うすべてのものとされる（退職手当の取扱いは個々の事業主の判断に任されるが、その取扱いは男女共通でなければならない）。そして「差異」とは、男性労働者の賃金の平均値に対する女性労働者の賃金の平均値を、割合（%）で示すものと定義される。

男女間賃金格差（全労働者）の平均値は67%となっている。正規では70%、非正規では67%である。正規と非正規を比較した場合には、非正規では男女格差がより大きいといえる。全労働者と正規の平均値はともに中央値よりも小さく、小さい値（男女格差が大きい）の影響をやや受けていると考えられる。最大値は全労働者で99%、正規で100%であるが、最小値はそれぞれ32%、37%である。非正規では、平均値が中央値（66%）より大きく、最大値が273%となっているように、例外的に高い値の影響が出ていると考えられる。一方で最小値は12%と、一部では男女格差の度合いが著しい状況もうかがえる。

⑵　業種による特徴

これまでは全体的な傾向を確認してきたが、業種による特徴はあるのか。図表３－25は、縦軸に女性管理職比率、横軸に男女間賃金格差の業種ごとの平均値をプロットしたものである。なお、これは２つの指標からみたそれぞれの業種の位置づけを把握するためのもので、相関関係を分析したり、議論したりすることが目的ではない。

女性管理職比率が高く、また男女間賃金格差が小さいのは「情報通信・

図表3－25　女性管理職比率（縦軸）と男女間賃金格差（横軸）の業種別平均値

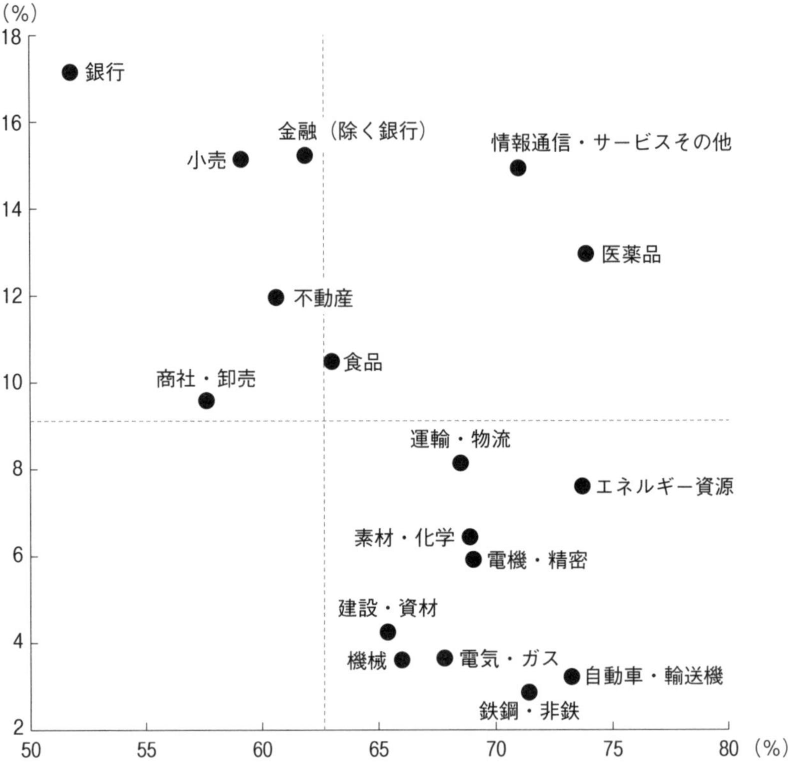

（注）　破線は全体の平均値。
（出所）　各社有価証券報告書（2023年３月期）より大和総研作成

サービスその他」と「医薬品」である。これら２つの業種では、女性管理職比率と男女間賃金格差の両面において高い水準が達成されているといえる。また、図表の右下に多くの業種が集中しているようすがみてとれる。これらの業種では、男女間賃金格差は比較的小さいが、管理職への女性の登用が課題となっていることがうかがえる。

特徴的なのは「銀行」の位置である。銀行は、全業種のなかで女性管理職比率が最も高く、男女間賃金格差が最も大きい。「金融（除く銀行）」や

「小売」も同様の位置になる。金融業界では、日本企業の伝統的な雇用慣行が根強く残っており、いわゆる「一般職」や「業務職」として入職した女性がいまだ多いと考えられる。一部の女性がより高い職業上の地位を達成しているなか、入職時の職制等の要因によって、多くの女性が取り残されていることが示唆される。

興味深いのは、相対的な位置として、女性管理職比率が平均値よりも低く、男女間賃金格差が平均値よりも大きい（図表３－25の左下）業種はみられないということだ。「情報通信・サービスその他」と「医薬品」を除けば、２指標のいずれかが相対的に優れていたとしても、もう一方には課題のある業種が多いことがみてとれる。両方の指標の改善に向け、包括的な取組みを推進することが必要といえそうだ。もっとも、両者の間にどのような関係があるのかは、今後も開示されるデータの蓄積を待って検証していく必要がある。

なお、男性の育休取得率についてみると、「銀行」「不動産」「金融（除く銀行)」で高い（図表３－26)。「医薬品」や「食品」では、男性の育休取得率と女性管理職比率がともに高く、男女間賃金格差が小さいことから、ダイバーシティ推進をめぐる状況が総合的に進展していることがうかがえる。

⑶　説明や追加的なデータの有無

有価証券報告書において多様性に関する指標を開示するにあたっては、任意で追加的な情報を記載することが可能であるとされた。このような情報は、投資家をはじめとする有価証券報告書の利用者が、開示された指標をよりよく理解するうえで重要なものとなりうる。

分析対象380社を、開示された指標について補足的な説明が記載されているか、開示が求められた指標のほかにも追加的なデータを記載しているかどうかで分類した。その結果が図表３－27である。これをみると、説明を記載する企業は233社（61％）と、半数を超えている。指標に関する補

図表3－26　有価証券報告書で開示された多様性指標の業種別平均値

業種	男性育休取得率	女性管理職比率	男女間賃金格差		
			全体	正規	非正規
銀行	102%	17%	52%	60%	56%
不動産	81%	12%	61%	64%	52%
金融（除く銀行）	80%	15%	62%	62%	66%
電気・ガス	71%	4%	68%	71%	64%
医薬品	71%	13%	74%	75%	69%
エネルギー資源	70%	8%	74%	73%	68%
食品	69%	10%	63%	69%	67%
素材・化学	65%	6%	69%	72%	65%
全体	63%	9%	67%	70%	68%
情報通信・サービスその他	61%	15%	71%	75%	76%
建設・資材	61%	4%	65%	67%	70%
鉄鋼・非鉄	60%	3%	71%	73%	57%
運輸・物流	60%	8%	69%	71%	72%
電機・精密	55%	6%	69%	71%	68%
自動車・輸送機	49%	3%	73%	74%	78%
小売	48%	15%	59%	74%	85%
機械	45%	4%	66%	72%	61%

（出所）　各社有価証券報告書（2023年３月期）より大和総研作成

図表3－27　多様性指標に関する説明や追加的なデータの有無

	あり	なし	合計	「あり」の割合
説明	233	147	380	61%
追加的なデータ	91	289	380	24%

（出所）各社有価証券報告書（2023年３月期）より大和総研作成

足的な説明については、記載する企業が多いようだ。一方、追加的なデータを提供する企業は91社（24%）にとどまる。なお、説明やデータはほとんどが男女間賃金格差についてのものである。

補足的な説明の記載と、追加的なデータ提供の両方を行う企業の数は62社（16％）である。たとえば、住友化学は、正規雇用労働者における男女間賃金格差の参考として、労働時間短縮措置の適用や休業等による控除前の賃金で男女の比較を行った場合、男女間賃金格差が約98％にまで短縮されることを示している（図表３－28）。住友化学では「賃金」の定義を変更するケースであるが、他には集計対象となる労働者の区分を変更するケースもみられた（特定の職制に限定する等）。

図表３－28　住友化学の「多様性に関する指標」の開示

(4)　多様性に関する指標

当連結会計年度の多様性に関する指標は、以下のとおりであります。

① 女性活躍推進法、育児・介護休業法に基づく開示

提出会社および連結子会社	管理職に占める女性労働者の割合(%)	男性の育児休業等取得率(%)	男女の賃金の差異(%)(注５)		
			全労働者	うち正規雇用労働者	うちパートタイマー・有期労働者
住友化学㈱	9.5（注２）	104.7（注４） 77.4（注２）	74.9	75.9	66.9

管理職に占める女性労働者の割合
　課長相当職以上を対象に算出しております。
男女の賃金の差異
　賃金制度は従事する役割（職務）の大きさに基づく制度としており、従事する役割（職務）レベルが同一の場合の基準賃金に男女間の差はありません。
　平均年間賃金の差異が生じている要因は以下のとおりであります。
〈正規雇用労働者〉
　女性の方が管理職の割合が少ないことや、労働時間短縮措置適用者や産休・育休等の休業者は女性が多く、基準賃金控除額や時間外手当支給額等に差が生じていることが主な要因であります。
　また、製造職場に勤務する女性が少なく、交替勤務手当等の手当支給額に差が生じることも影響しております。
　※参考：一般社員の基準賃金（労働時間短縮措置適用や休業等による賃金控除前）における男女間賃金差異は97.7%
〈パートタイマー・有期労働者〉
　最も人数が多い定年退職後再雇用者の賃金は退職時の基準賃金をもとに設定していることから、女性管理職比率が差異に影響していることが主要因であります。

（出所）　住友化学株式会社「有価証券報告書　2023年３月期」より抜粋

Column　なぜ男女で賃金に差が生じるのか

経済協力開発機構（OECD）の統計によると、日本は先進国のなかで最も男女間賃金格差が深刻な国の１つである。OECDの平均値が11.9%（2021年）である一方、日本では21.3%（2022年）となっている。この数字は、男性と女性の賃金の差の、男性の賃金に対する比率だ。数字が大きいほど、男女間賃金格差が大きいことを表す。

先進国における男女間賃金格差を説明する主な要因と考えられているものに、性別職域分離（gender segregation）がある。性別職域分離とは、従事する職業や職位の分布が男女によって異なることを意味し、水平分離（horizontal segregation）と垂直分離（vertical segregation）がある。水平分離は、男女によって就く職業が異なることから生じる賃金格差の発生メカニズムである。賃金の高い専門職（医師など）には男性が多く、相対的に賃金の低い非専門職には女性が多いといった場合が、水平分離の一例である。

垂直分離は、男女によって職業上の地位が異なることから生じる賃金格差のメカニズムを指す。同一の職業内においても、女性より男性のほうがより上位の立場にあることによって賃金の男女格差が生じる。たとえば、研修医や若い勤務医には女性が多かったとしても、「院長」や「医局長」といった地位には男性ばかりが就いているといった状況は、垂直分離の一例であり、同じ「医師」という職業のなかで男女間賃金格差が生じる原因になる。

特に企業に対して取組みが求められるのは垂直分離に起因する男女間賃金格差の是正であり、そのために重要なのが女性の職業上の地位の向上である。日本では、役員や管理職など企業内で重要な意思決定を担う機関や職位への女性の登用が、諸外国に比べて後れている。その背景には、日本企業で伝統的にみられる総合職（男性が中心的）と一般職（女性が中心的）の区別などの雇用管理制度があると考えられている。

男女間賃金格差の原因は多岐にわたり、その是正は社会全体で取り組む必要のある課題だが、企業が果たすべき役割は大きい。女性の職業上の地位向上を積極的に支えることが重要であるといえる。

第 4 章

人的資本開示の今後の課題

第1節

人的資本開示の現状

1　求められる情報の一貫性

(1)　経営方針等とサステナビリティ情報の一貫性

第3章では人的資本に関する「戦略」「指標及び目標」と、従業員の状況として新たに開示が求められることになった多様性に関する指標について、各社の開示状況を確認した。本章では人的資本に関する有価証券報告書の記述からみえてきた課題と、今後の情報開示のあり方について整理していく。

人的資本に関する「戦略」「指標及び目標」の詳細に入る前に、これらを記述する有価証券報告書の「サステナビリティに関する考え方及び取組」の記載欄の現状について触れておきたい。第3章の調査対象であるTOPIX500採用企業（うち380社）の2023年3月期有価証券報告書の「サステナビリティに関する考え方及び取組」では、会社の基本的な方針・考え方のみ記載することにとどめた企業もあれば、具体的な取組みも含め詳細に記載している企業もあり、情報の量や粒度はさまざまであった。

「サステナビリティに関する考え方及び取組」の記載欄には、企業がサステナビリティに関してどのような認識をもっているか、そしてその認識に基づいてどのような取組みを行っているのかを、読み手にわかるよう記述することが求められる。そのため、多くの企業は最初に自社のサステナビリティに対する考え方、経営戦略との関係などを説明したうえで、必要となる「ガバナンス」「リスク管理」の体制、今後の「戦略」やその進捗を計るための「指標及び目標」について記述している。一方で、自社のサステナビリティの考え方などに特に言及がないまま、「ガバナンス」「リスク管理」など各項目について形式的な記述にとどめる企業もあった。

有価証券報告書の「サステナビリティに関する考え方及び取組」を記載する位置は「経営方針、経営環境及び対処すべき課題等」と「事業等のリスク」の間にある（図表4－1）。「経営方針、経営環境及び対処すべき課題等」と「サステナビリティに関する考え方及び取組」「事業等のリスク」に記載されている情報に一貫性があれば、報告書全体として伝えたいことがより明確になり、読み手にわかりやすく伝わる。しかし、現状では

図表4－1　有価証券報告書の様式（一部抜粋）

第一部【企業情報】
第1【企業の概況】
1【主要な経営指標等の推移】(5)
2【沿革】(6)
3【事業の内容】(7)
4【関係会社の状況】(8)
5【従業員の状況】(9)
第2【事業の状況】
1【経営方針、経営環境及び対処すべき課題等】(10)
2【サステナビリティに関する考え方及び取組】(10—2)
3【事業等のリスク】(11)
4【経営者による財政状態、経営成績及びキャッシュ・フローの状況の分析】(12)
5【経営上の重要な契約等】(13)
6【研究開発活動】(14)
第3【設備の状況】
1【設備投資等の概要】(15)
2【主要な設備の状況】(16)
3【設備の新設、除却等の計画】(17)
第4【提出会社の状況】
1【株式等の状況】
(1)【株式の総数等】(18)

（出所）　e-Govポータル（https://www.e-gov.go.jp）「企業内容等の開示に関する内閣府令第三号様式」より抜粋（枠は大和総研）

「経営方針、経営環境及び対処すべき課題等」や「事業等のリスク」に記載されていることと、「サステナビリティに関する考え方及び取組」で記載されていることのつながりが不明瞭な開示もみられた。

たとえば、人的資本に関しては、人材育成を長期的なビジョンや経営戦略、中期経営計画に盛り込む企業が増えており、人材不足をリスクと認識する企業も多い。しかし、「経営方針、経営環境及び対処すべき課題等」に人材育成を掲げる、もしくは「事業等のリスク」に人材不足をあげながら、「サステナビリティに関する考え方及び取組」には人材育成や人材不足への対応に関する記載がない事例も見受けられた。

有価証券報告書のなかで一貫性が確保されない背景の1つとして考えられるのは、作成担当者（部門）が複数に分かれていることである。有価証券報告書は一般的に財務部門が作成を担当している。しかし、近年有価証券報告書の記載事項として、非財務（記述）情報の重要性が増しており、作成にかかわる部署が企画部門やリスク管理部門などに広がっている。これに加え、サステナビリティ情報の開示に関してはサステナビリティ部門、人的資本に関しては人事部門が担当する企業が多いとみられる。各部門が独自に作成した内容をそのまま載せてしまうと、結果的に不整合が生じることになる。不整合が生じる要因は、経営と現場の目線のずれや、イメージする時間軸の違いなど、さまざま考えられる。

近年、自社の経営にとって重要なサステナビリティ課題は何か、経営に与える影響や、ステークホルダーに与える影響などを総合的に評価して洗い出す作業（マテリアリティの特定）を行う企業が増えている。特定したマテリアリティを軸に、経営方針や人的資本を含むサステナビリティの考え方、認識しているリスクなどを整理し、有価証券報告書に記述するよう、社内で認識をあわせることが重要だろう。

一貫性のある開示例としては、日立製作所の2023年３月期の有価証券報告書があげられる。同社は「経営方針、経営環境及び対処すべき課題等」

図表４－２　日立製作所の経営戦略（事業戦略）と求められる人財・組織（体制・文化）

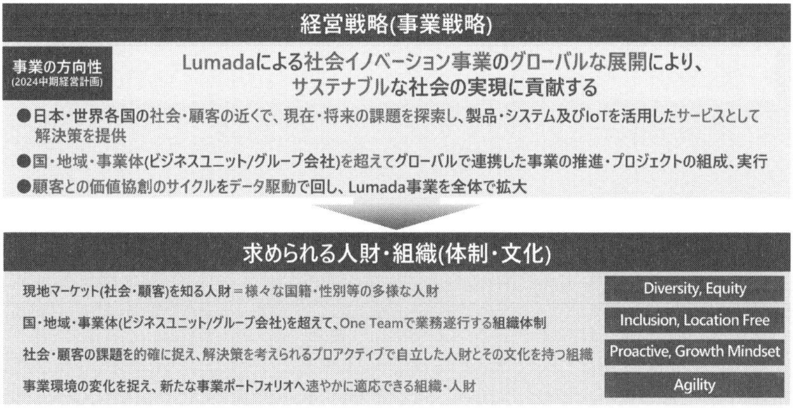

（出所）　株式会社日立製作所「有価証券報告書　2023年３月期」より抜粋

のなかで「2024中期経営計画」に言及し、同計画の重点項目として「人的資本を充実し、顧客と社会に価値を提供」を掲げている。それに続く「サステナビリティに関する考え方及び取組」では重要課題の取組みとして同社の「経営戦略（事業戦略）」から「求められる人財・組織（体制・文化）」を明らかにし、具体的な施策なども紹介している（図表４－２）。その後に出てくる「事業等のリスク」のなかであらためて「⑤人的資本に係るリスク」として「人財確保」をあげている。同社の有価証券報告書からは、経営戦略に必要な「人財」の確保が同社にとって重要な経営課題かつサステナビリティ課題であり、それが同社の事業機会でありリスクでもあることが読み取れる。

⑵　「サステナビリティに関する考え方及び取組」としての一貫性

ここからは「サステナビリティに関する考え方及び取組」にフォーカスし、そのなかで人的資本に関する「戦略」「指標及び目標」がどのように記述されていたか振り返る。開示府令で「サステナビリティに関する考え方及び取組」の記載欄に記述すべき情報（①サステナビリティ全般に関して

「ガバナンス」と「リスク管理」は必ず、「戦略」および「指標及び目標」は重要性に応じて記載、②人的資本、多様性に関しては「戦略」と「指標及び目標」を必ず記載）は示されたが、記載する順番などを含め、どのように記述するかは各社の判断に任された。第３章の調査対象企業の多くは、サステナビリティに関する「ガバナンス」「リスク管理」「戦略」「指標及び目標」を項目ごとに開示していた。ただし一部の企業は「指標及び目標」を独立した項目とせず、「戦略」など別の項目のなかで示すケースもあった。

人的資本の開示の仕方は、現状大きく２つのパターンに分かれている。１つはサステナビリティ全般の「戦略」「指標及び目標」を記述するなかで、人的資本に言及するパターンである。もう１つは、人的資本を個別テーマとし、サステナビリティ全般の「ガバナンス」「リスク管理」「戦略」「指標及び目標」を記載した後で、人的資本に関する「戦略」「指標及び目標」を別途記述するパターンである。現状、後者の人的資本を個別テーマとして開示する企業のほうが多いようだ。なお、人的資本に関する「ガバナンス」「リスク管理」の開示は開示府令で求められているわけではないが、自主的にサステナビリティ全般の記述と分けて開示している企業もあった。

「人的資本」を個別テーマとして記述する場合、注意したいのはサステナビリティ全般の記述内容との一貫性だ。たとえば、サステナビリティに対する考え方として、労働慣行や従業員の健康と安全を自社の経営に重要なものと位置づけるのであれば、個別テーマとして人的資本の記述をする際も、あらためてその考え方や具体的な取組みについて触れることが望ましい。しかし、実際にはサステナビリティ全般で記述されている内容が、人的資本の「戦略」「指標及び目標」には記述されていないケースがあった。

2　人的資本の「戦略」の課題

(1)「戦略」のとらえ方

人的資本に関して各社が開示している内容を比較すると、「戦略」として何を記載するか、とらえ方が企業ごとに違うことが確認できた。「戦略」のとらえ方は大きく2つに分けられる。1つは教育・訓練を軸とする、人的資本への投資を通じた労働生産性の向上のための施策を「戦略」とするとらえ方である。もう1つは従業員が心身ともに健康で、意欲的に働けるようにする環境づくりも含め「戦略」とするとらえ方である。前者が「狭義の戦略」であるとすれば、後者は「広義の戦略」といえるかもしれない。

「狭義の戦略」と「広義の戦略」で記載の判断が分かれる例として、人権や労働安全衛生などがあげられる。人権はダイバーシティ&インクルージョン（D&I）推進、労働安全衛生は従業員の健康と安全の観点から人的資本の「戦略」とする選択肢もある一方で、どちらも「リスク管理」の対応であると整理することも可能である。「狭義の戦略」の考え方をとる場合、人権や労働安全衛生は「リスク管理」であることから、サステナビリティ全般の記述のなかで言及し、人的資本の「戦略」には記載しないという整理になる。一方「広義の戦略」の考え方をとる場合は、人権や労働安全衛生も人的資本の「戦略」の一部として記載することになるだろう。

現状では、「広義の戦略」の考え方に基づき開示をしている企業が相対的に多かった。「狭義の戦略」も「広義の戦略」も、有価証券報告書全体を読み込めば、読み手が得られる情報に大きな違いは生じない。一方で、企業の人的資本の「戦略」に関する情報を取得したいと考える読み手が、人的資本の「戦略」だけを読んで複数社の比較をする場合、「狭義の戦略」の企業は開示情報が少ないと誤解される懸念はある。この問題は現状の様式では避けることがむずかしく、有価証券報告書の利用者側が全体に目を通すよう心がけることが望ましい。「狭義の戦略」に基づき開示する企業は「人的資本に関するリスクなどその他の情報に関しては○○や△△も参照」といった記述をしておくと、読み手に情報が伝わりやすくなるのではないか。

(2) 言葉のあいまいさ

第3章では人的資本の「戦略」として各社がどのような開示を行っているかを知るために、「D&I」「教育・育成」「健康と安全」など項目ごとに集計した結果を示した。しかし人的資本に関しては、たとえば「働き方改革」であったり「自律的なキャリア形成支援」であったり、“よく耳にするがその中身があいまい”である表現が少なからず存在する。たとえば「働き方改革」は一般的にリモートワークやフレックスタイム制など、柔軟な働き方を実現する人事制度の導入を示すことが多いが、それを実現するための手段としてDX化（ペーパーレスの推進や業務の効率化など）を具体的な取組みとする企業もある。「自律的なキャリア形成支援」も、研修プログラムの提供などを通じた育成・教育を指す場合もあれば、社内公募制度など本人が希望する仕事に就く機会の提供といった配置に関係するもの、社内キャリアコンサルタントによる相談の機会の提供などさまざまな取組みがある。

「働き方改革を推進しています」「自律的なキャリア形成を支援しています」といった記載のみだと、読み手によって頭に思い描く取組みが異なるため、企業が行おうとしていることが正しく伝わらない可能性がある。人的資本に関する方針、取組みの開示にあたっては、その目的や具体的な施策を明確にすることが望ましい。

3 人的資本関連の指標をめぐる課題

第3章のとおり、「戦略」に関する「指標及び目標」では、D&I関連の指標を開示する企業が多かった。従業員の状況として多様性に関する指標の開示が義務化されたため、それらを活用している企業も少なくない。一方で「戦略」において多くの企業が言及していた、教育・育成、健康と安全に関する指標は、相対的に開示が少ないのが現状である。「指標及び目標」がなければ、投資家は今後何を根拠に「戦略」の取組み状況について進捗を確認すればいいのかわからず、「戦略」が企業価値に与える影響を評価することが困難になる。「指標及び目標」の開示をどう充実させていくべきか、今後投資家と企業の間で対話を深めていく必要があるだろう。なお「戦略」にダイバーシティに関する記述がないにもかかわらず、「指標及び目標」に女性管理職比率が掲げられているなど、「指標及び目標」が「戦略」に関連づけられていないケースもあった。

有価証券報告書は財務情報と同じ範囲、つまり連結ベースで書くことが原則とされている。現状「指標及び目標」に関しては、連結ではなく提出会社単体もしくは提出会社と主要連結子会社の数値を開示する企業が多い。海外拠点を設ける企業が増え、現地での従業員の雇用も増えている。労働慣行や法定福利厚生、労働市場の状況など、国・地域によって大きく異なることから、人的資本に関する「指標及び目標」を財務情報と同じように連結で出すことが最善なのかは、慎重に考えるべきだろう。

たとえば、“ダイバーシティの推進”は、日本だと女性活躍が優先的に取り組むべき事項と位置づけられることが多いが、米国では女性だけでなく人種や民族、性的マイノリティなども含む多様性を確保することが求められる。こうした国・地域の違いを前提に、従業員が多い地域、自社の事業活動に重要な地域などをピックアップし、それぞれ現地の状況にふまえた「指標及び目標」を公表することも一考に値するのではないか。

多様性に関する指標も同様である。第２章で述べたとおり「投資判断に有用である連結ベースでの開示に努めるべき」とされつつも、女性活躍推進法や育児・介護休業法により公表する数値を有価証券報告書に記載すればよいとされている。女性活躍推進法や育児・介護休業法が対象とするのは一定の要件に該当する国内事業所のみであり、海外事業所は含まない。日本の製造業の海外生産比率は25％を超えており（国内全法人ベースの2021年度実績、なお海外進出企業ベースだと40％を超える）[1]、国内事業所の状況を開示しただけでは企業の全体像はみえてこない。第３章で示したとおり、男女間賃金格差を中心に補足説明や、追加の指標を開示する企業は少なくない。女性活躍推進法や育児・介護休業法に基づく開示にとどまらず、主要な海外事業所に関しては現地の状況をふまえ、多様性に関する指標を公表することが望ましいのではないか。

4　よりよい情報開示に向けて

本節では有価証券報告書の人的資本に関する情報開示について現状の課題を整理した。一番重要であるのは、有価証券報告書の情報の一貫性である。サステナビリティ情報の記載欄が新設される以前から、企業によっては「経営方針、経営環境及び対処すべき課題等」や「事業等のリスク」「経営者による財政状況、経営成績及びキャッシュ・フローの状況の分析」といった項目にサステナビリティ情報を記載していた。サステナビリティ情報は投資家にとって重要な情報ととらえていた企業が少なからずあったということである。投資家にとってサステナビリティ情報の重要性が高まったことから様式が変更されたが、そのせいで有価証券報告書の他の記述情報と整合性のない情報開示になるのでは本末転倒である。企業戦略とサステナビリティ課題の関連性を明確にしつつ、自社のマテリアリティを軸とした有価証券報告書の開示が期待される。

サステナビリティ情報の記載欄に何を書くかは、企業の裁量に委ねられている。第３章で整理したとおり、2023年３月期の有価証券報告書に記載されている人的資本に関する戦略には各社各様の取組みが紹介されてい

1　経済産業省「第52回　海外事業活動基本調査概要」

た。第３章では11のメイントピックを中心に解説したが、それ以外でもシニア人材の活用や、副業・兼業制度の導入、人事部門のDX化による業務効率の改善や、タレントマネジメントシステム（従業員の基本的な情報や能力などに関する情報を一元管理し、戦略的に人材を配置、育成する仕組み）の導入、ピープルアナリティクスへの取組み（人事部を中心に把握している従業員に関連するデータを収集、分析した結果を人事施策に活用すること）など、高齢化やデジタル化、働き方の変化など、時代を感じさせる記述もみられた。中途採用やキャリア採用に取り組む企業が増えるなかにおいて「新卒採用にこだわる」と強調する企業もあり、各社各様の“人に対する思い”が読み取れるのは、プリンシプル・ベースの開示のよさといえるのではないだろうか。

なお、今回、数は多くなかったものの、人的資本の「戦略」に関して他の開示媒体（統合報告書やウェブサイト）を参照とし、詳細な記載を割愛する企業もあった。有価証券報告書を補完する情報という位置づけであることを前提に、詳細な情報は他の開示媒体を参照することは認められている。しかし、一見すると他の開示媒体が“主”、有価証券報告書が“従”のようにみえる企業もあった。人的資本に関する情報を開示する媒体は、投資家向けの情報開示を行う有価証券報告書と統合報告書、人材募集のための情報開示を行う採用ウェブサイト、地域住民や消費者など幅広いステークホルダー向けに情報発信するためのサステナビリティ報告書もしくはウェブサイトなどさまざま存在する。各ステークホルダーが求める情報が、必要な場所で開示されることが重要である。

投資家向けのサステナビリティ情報の開示媒体としてこれまで中心的な役割を果たしてきた統合報告書は、現時点では有価証券報告書より詳細な情報が開示されており、当面投資家はこの２つを併用していくことになるのだろう。ただし、これまで統合報告書を作成していたのは時価総額の大きい企業が中心である。統合報告書の作成には相応のコストも発生することから、これまで統合報告書を作成してこなかった企業は、有価証券報告書を中心に投資家向けのサステナビリティ情報開示を行っていくことが現実的な対応になっていくのではないか。

さて、金融庁の「記述情報の開示に関する原則」(2019年３月19日）によれば有価証券報告書の記述情報は「財務情報を補完し、投資家による適切な投資判断を可能とする」ものであると位置づけられている。そのためにはそもそも人的資本がどのように企業価値に影響を与えるのか、実証的な分析も必要である。この後の第２節ではこの点について過去どのような分析がなされてきたのか概観するとともに、大和総研が企業の健康経営の取組みにフォーカスし、産業技術総合研究所と共同で研究した内容について紹介したい。

Column　仕事のやり方や評価の基準を変える

2023年10月、ノーベル経済学賞の受賞者に米国・ハーバード大学のクラウディア・ゴールディン氏が選ばれたことは、男女間賃金格差の問題があらためて知られるきっかけになったと考えられる。同氏のノーベル経済学賞受賞にあたっては、米国の雇用と労働における男女格差をめぐる包括的な研究が評価された。

ゴールディン氏は研究において（※)、なお残る男女間賃金格差の是正のためには「労働時間の柔軟性」が重要だとしている。特に賃金の高い専門職における男女間賃金格差に注目し、経営学修士（MBA）や法務博士（JD）といった学位をもつ人々の間では、労働時間が長いほど「時間あたりの」賃金が高くなることが示された。賃金の高い専門職では、常に仕事上の要求に応答できる状態であること、長時間働くこと、そして特定の時間に働くことを求められる。このように時間の柔軟性を欠いた仕事のやり方は、特に出産・子育てなどで長時間労働ができない時期を経験する女性に対して不利に働くことで、男女間賃金格差を生じさせる要因となる。

この研究成果は、日本企業にとっても重要な示唆をもつように思われる。その１つは「オールド・ボーイズ・クラブ」と呼ばれる、男性中心的な組織内のネットワークやルール、およびそれらを生み出してきた構造を改革することの必要性である。労働時間の柔軟性を高めるためには、これまで主に男性の視点から考えられてきた仕事のやり方や、仕事に対する評価のあり方を見直すことが不可欠と考えられる。日本企業には、女性の管理職登用や男女間賃金格差に関する数値目標の達成に取り組むだけでなく、長時間労働を前提とする仕事のやり方や、そのような仕事のやり方を高く評価する基準を見直し、変えていくことが求められる。

ゴールディン氏は、労働時間の柔軟性を高めることは（子どもをもつ女性だけではなく）多くの労働者に恩恵をもたらすと述べている。仕事のやり方や評価の基準を見直し、労働時間の柔軟性を高めることは、あらゆる働く人々にとってより自由なライフスタイルの実現と仕事の両立を可能にするだろう。

（※） Goldin, Claudia, 2014, “A Grand Gender Convergence: Its Last Chapter” *American Economic Review 104*(4) : pp.1091-1119.

第2節 人的資本と企業価値の関係

1　人的資本と企業パフォーマンスに関するこれまでの研究

人的資本の重要性をめぐる学術的な議論は、経済学を中心として、心理学、社会学等にわたるさまざまな分野において学際的に展開されてきた。今日、人的資本が組織経営において戦略的に重要な要素であるという見方は普及しているといえるが、投資判断における重要な要因の１つであるという認識の広まりや、投資家からの要求の高まりを受けた情報開示の制度化が進んできたのは最近のことである。この背景には、企業内での人的資本に対する投資が、企業価値の向上に結びつく可能性を示唆する実証研究の蓄積があり、いまでは学術の世界だけではなく企業にまで研究の場は広がっている。本節では、近年（2010年代以降）の実証研究の展開に注目し、人的資本と企業パフォーマンスの関係についてのこれまでの研究成果を大まかに把握することを試みたい。

(1)　人的資本の重要性を示す実証研究の蓄積

人的資本と企業パフォーマンス（firm performance）の関係を検証した研究は数多い[2]。そのため、すでにいくつかのレビュー論文（特定の分析課題を設定し実証に取り組む研究ではなく、独自の観点や基準をもって既刊の

2　本節の冒頭に述べたように、「人的資本」は学際性の高い研究テーマであるため、その考え方をめぐっては研究ごとの学問分野（ディシプリン）の違いが大きいことを念頭に置いておく必要がある。また、「人的資本」と「企業パフォーマンス」はともに大きな概念であり、これらをどのように測定するかについてもさまざまな議論がある。本稿ではこれらの測定指標について例示するなどして可能な限り明確にするが、測定が個々の研究の背景や目的によってまったく異なる場合があることに注意されたい。

実証研究を渉猟し、その時点での研究成果をまとめるもの）が出版されている。ここでは研究動向を概観するため、このようなレビュー論文を中心にその内容を読み解いていきたい。

(i)　人的資本投資と企業パフォーマンスの肯定的な関係を示す研究は数多い

これまで、多くの研究が人的資本投資と企業パフォーマンスの間に肯定的な関係を見出している。2015年、米国の非営利研究機関であるInvestor Responsibility Research Center Institute（IRRCi）からの資金提供を受け、ハーバード・ロースクールのLabor and Worklife ProgramのAaron BernsteinとLarry Beefermanは、“The Materiality of Capital to Corporate Financial Performance”と題した報告書を公表した（Beeferman and Bernstein 2015）。

Beeferman and Bernstein（2015）は、「人的資本」を「人材育成」とその他の「人事施策」に分類したうえで、主要な企業パフォーマンス指標との関係を検証した92件の研究をレビューしている。その結果、「人材育成」に分類された36件の研究のうち22件、「人事施策」に分類された56件のうち45件が、企業パフォーマンスとの肯定的な（positive）関係を示すものであることが明らかとされた。レビュー対象となった全92件のうち肯定的と判断した67件以外では、17件が「まちまち」（mixed）、７件が無関係（none）で、否定的（negative）であるとの結論に至った研究は１件のみであった。Beeferman and Bernstein（2015）は、レビュー対象とした研究は深さや質の面でいろいろなものが含まれるとしながらも、総合すると、これまでの研究は、人的資本施策が企業パフォーマンスにとって重要であることを示す相当な数の根拠を提供していると述べている。

(ii)　人的資本投資を企業パフォーマンスにつなげるために必要なこと

人的資本と企業パフォーマンスの関連は、どのような条件下でも成立するのだろうか。この問いに答えるものとして、これまでのところ被引用数等の点でみて最も影響力のある研究成果の１つと考えられるのが、2011年にJournal of Applied Psychology誌に掲載された、“Does human capital matter? A meta-analysis of the relationship between human capital and firm performance”である（Crook, Todd, Combs, Woehr and Ketchen 2011）。

人的資本の開発と獲得には時間も費用もかかる。このことは、人的資本が生み出す便益を相殺してしまうのではないか。実際に、既存の研究成果は人的資本と企業パフォーマンスの関係についてさまざまな結論を得ている。このような問題意識に基づき、Crook et al.（2011）では、1991年以降、人的資本と企業パフォーマンスの関係を検証した66件の実証研究を「メタアナリシス（meta-analysis）」と呼ばれる方法でレビューし[3]、「リソース・ベース理論（resource-based theory：RBT）」に基づいて構築された次の４つの仮説を検証している[4]。

仮説１：人的資本と企業パフォーマンスには、肯定的な関係がある

仮説２：人的資本と企業パフォーマンスの関係は、クロスセクションデータを用いた研究においてよりも、時系列データを用いた研究において、より強い

仮説３：人的資本と企業パフォーマンスの関係は、一般的な（general）人的資本の指標でよりも、企業特殊的な（firm-specific）人的資本で測定した場合のほうが、より強い

仮説４：人的資本と企業パフォーマンスの関係は、全体的な（global）パフォーマンス指標でよりも、業務の（operational）パフォーマン

3　メタアナリシスとは、なんらかの効果検証を行った既刊の研究成果を統計学的に分析し、効果量（effect size）についての統合的な知見を明らかにする方法である。

4　これら４つの仮説構築の土台には、ジェイ・Ｂ・バーニーが打ち立てた「リソース・ベース理論（RBT）」がある。本稿では紙幅の都合によりこの経営理論の内容や展開について立ち入ることはできないが、組織の持続可能な競争優位性の確保にとって人的資本が重要であることを主張する考え方である。レビュー対象の研究が1991年以降のものとなっているのは、RBTが広く知られるようになったのが同年であるからという理由による。

ス指標で測定した場合のほうが、より強い

検証の結果、仮説２以外はすべて成立しているとの結論が得られている[5]。この研究は、人的資本は企業パフォーマンスと肯定的な関係をもつことを結論づけたうえで、どのような条件下においてこのような関係がより強いのかまで定量的に明らかにした点が注目される。その条件とは、仮説３と仮説４について検証された、「人的資本」と「企業パフォーマンス」の類型の違いである。

ａ．どのような人的資本が重要なのか

その類型について、まず「人的資本」からみてみよう。企業における人的資本とは、役員や従業員がもつ教育や経験、スキルの水準であり、「一般的なもの」と「企業特殊的なもの」に大別される。Crook et al.（2011）では、レビュー対象となった66件の論文で扱われる「人的資本」の測定指標をこれら２つに分類し、実証された結果の違いをみている。

一般的な人的資本とは、他の企業にも移転可能な人的資本であり、同論文の考え方では「マーケティング経験（marketing experience）」「ITに関する知識（IT knowledge）」「CEOの海外勤務経験（CEO international assignment experience）」などを扱った研究がこれに分類されている。他方の企業特殊的な人的資本とは、その企業に固有のものであり、たとえば「リーダーシップ能力（leadership capabilities）」「管理職の在職期間（managers' firm tenure）」「自己特許引用数（self patent citations）」といったものを人的資本の指標として扱った研究が分類されている。

Crook et al.（2011）によると、この２つの区別が重要な理由は、仮説の

5　仮説２が成立しない理由として、この論文では、人的資本と企業パフォーマンスの関係の双方向性が議論されている。すなわち、人的資本は企業パフォーマンスに先行するものとは限らず、高い企業パフォーマンスがより優れた人的資本をもった人材を引き付ける効果もあるのではないかという解釈が提示されている。もっとも、人的資本と企業パフォーマンスの因果関係については、さらなる研究が求められるとしている。

土台となっているRBTにおける「戦略要素市場（strategic factor market）」での取引可能性が、人的資本が企業パフォーマンスの向上につながるかどうかの条件の１つであると想定されるからである[6]。たとえば、企業特殊的な人的資本として在職期間の長さがあげられるが、在職期間の長い管理職のほうが企業内の資源配分をより効率的に行うことができると考えられる。これが、ひいてはよりよい意思決定とパフォーマンスの向上につながる可能性がある。

一方、一般的な人的資本は、どのような企業でも通用するものであるため、戦略要素市場での取引可能性が高く、そのような人的資本水準の高い個人はより退職しやすく、一般的な人的資本は企業パフォーマンスに対して負の効果をもたらす潜在性がある。これらを統合すると、企業特殊的な人的資本のほうが企業パフォーマンスに対してより強い正の効果をもたらすであろう、というのが著者らの仮説の根拠である（図表４－３）。

メタアナリシスの結果、企業パフォーマンスに対する企業特殊的な人的資本の効果量は、一般的な人的資本のそれと比べて、71％大きいことが示された。この結果について、企業特殊的な人的資本はそのコストに比べてより大きな価値を生み出すという点で、より戦略的な性質をもつものであり、人的資本の戦略要素市場において購入することがライバル企業にとって困難であることを示唆している、との解釈が加えられている。もっとも、同論文では、企業特殊的な人的資本の有効な代理変数の１つとしてその組織における在職期間（organizational tenure）をあげつつ、あくまでも代理変数であり、測定の妥当性には限界があるため、企業特殊的な人的資本のより直接的な測定が今後の研究課題であるとしている。

6　RBTでは、企業の競争優位の源泉はその企業がもつ資源（たとえば人的資本）にあるとされる。このような資源が取引される市場は「戦略要素市場」と呼ばれ、企業が戦略要素から超過利潤を獲得できるのは、戦略要素市場が不完全競争である（戦略要素は企業内で蓄積されるものであり、市場で取引可能なものではない）からであると考えられる。

図表4－3　人的資本の類型とパフォーマンスとの関係

	測定される人的資本の類型	
	一般的 （general）	企業特殊的 （firm-specific）
戦略要素市場での取引可能性	高い	低い
パフォーマンスとの肯定的な関係	相対的に弱い	相対的に強い

（出所）　Crook et al.（2011）より大和総研作成

b．どのような企業パフォーマンスが重要なのか

他方の「企業パフォーマンス」についてもみてみよう。Crook et al.（2011）では、企業パフォーマンスの類型として、「包括的（global）」なパフォーマンスと「オペレーションに関する（operational）」パフォーマンスの違いが重要であるとしている。著者らは、人的資本と同様、レビュー対象の論文で扱われる「企業パフォーマンス」の測定指標をこれら2つに分類し、実証された結果の違いをみている。

包括的なパフォーマンスとは、自己資本利益率（ROE）や総資産利益率（ROA）、投資利益率（ROI）、トービンのqのような、企業のパフォーマンスを集約的にとらえる指標であり、これらを用いた研究が「包括的な業績指標をパフォーマンス指標に用いた研究」として分類されている。一方、オペレーションに関するパフォーマンスには「新製品・サービスの数」「カスタマーサービスのパフォーマンス」などが該当するとされており、これらの指標を用いた研究が比較対象となっている。

Crook et al.（2011）によると、これら2つのパフォーマンス指標の違いが重要と考えられる背景にあるのは、RBTにおける「専有可能性（appropriability）」、すなわち、経営資源が生み出す利益をだれが得るのかである。人的資本から得られる利益の配分をめぐって多くのステークホルダーが存在し、競合している状況では、強力なステークホルダー（従業員やそ

の管理者など）が人的資本から得られる利益をより高額な給与などのかたちで得てしまい、包括的な企業パフォーマンス指標（例としてROAなど）との結びつきが弱まる可能性がある（企業にとって人的資本から得られる利益の専有可能性が低い状態）。そのため、人的資本が個人ではなく組織を単位としてみた企業パフォーマンスの向上につながるかどうかは、人的資本から得られる利益の（企業にとっての）専有可能性の高さが1つの条件になる、というのが著者らの議論である。

さまざまな要因やその影響が統合された結果である包括的な企業パフォーマンス指標に比べて、オペレーションに関するパフォーマンスは専有可能性の影響を受けにくい。そのため、人的資本が創出する企業の比較優位性の実態をより正確にとらえるものであり、人的資本の肯定的な効果をより直接的に測ることができると、著者らは考えている（図表4－4）。

メタアナリシスの結果、オペレーションに関する企業パフォーマンス指標の効果量は、包括的な企業パフォーマンス指標のそれと比べて、70％大きいことが示された。この結果について著者らは、包括的な企業パフォーマンス指標のみを用い、オペレーションに関する企業パフォーマンス指標を無視した研究では、企業内の競争優位・劣位の重要な要因が見落とされてしまう可能性があることを示唆している、との解釈を提示している。

図表4－4　パフォーマンスの類型と人的資本の関係

	測定されるパフォーマンスの類型	
	包括的 （global）	オペレーショナル （operational）
人的資本の専有可能性の影響	受けやすい	受けにくい
人的資本との肯定的な関係	相対的に弱い	相対的に強い

（出所） Crook et al.（2011）より大和総研作成

c．人的資本を企業パフォーマンスにつなげるために

このレビュー論文は、人的資本と企業パフォーマンスの関係を考えるうえで、少なくとも次の２点が重要であることを示していると考えられる。１点目は、人的資本はそれ自体が直接的に企業パフォーマンスの向上につながるというよりは、いくつかの媒介要因が間に存在しており、その１つがオペレーションに関連する要因である可能性が高いということだ。よって、企業パフォーマンスを向上させることをねらいとした人的資本投資は、事業のオペレーションの向上や改善につながるものであることが必要ではないかと思われる。

２点目は、企業にとって、自社固有の状況においてこそ、そこから得られる利潤が最大化されると考えられる企業特殊的な人的資本に対する投資が重要であるということだ。とはいえ、人的資本の特殊性もまた業種や企業ごとに大きく異なり、さまざまなものが考えうる。Crook et al.（2011）ではその代理変数として在職期間が提案されていたものの、企業特殊的な人的資本をとらえる具体的な指標については今後のさらなる研究が必要であるとしている。自社の特殊性とは何か、それが自社の従業員の人的資本にどのように反映されるものであるのか、といったことを企業自らが考えることが最も重要であると考えられる。

(iii)　人的資本投資が市場に負のシグナルを与える可能性も

人的資本と企業パフォーマンスの関係は引き続き学術的な関心をひいており、実証研究が進んでいる。ここでは紙幅の都合により最近の研究動向の全容を明らかにすることはできないため、特に注目の研究を取り上げたい。

2022年にReview of Finance誌に掲載された“Trading on Talent: Human Capital and Firm Performance”では、技術的に熟練した人的資本（technically skilled human capital）に注目し、企業パフォーマンスに与える効果や、そのような効果が生じる背景のメカニズムが多角的に検証されて

いる（Fedyk and Hodson、2022）。分析課題が多岐にわたり非常に複雑なうえ、分析の背景にある理論的な想定などすべてについての詳細な解説はできないが、この論文で行われていることを要約すると、次のようになる。

この論文は、米国企業を対象として、情報技術（IT）、ソフトウェアエンジニアリング、モバイルネットワーク、データ分析、ウェブ開発の５つのスキルセットに対する集中度と企業パフォーマンスの関係、および企業パフォーマンスとオペレーションに関するパフォーマンスとの関係を主に検証している。検証には、雇用者と被雇用者をマッチングさせた独自のデータセットが用いられており、2000年から2016年までの期間、月平均1,105社、計1,728社を含む月次のパネルデータとして構築されたものである。

スキルセットに対する企業の集中度は、それぞれのスキルをもつ従業員の雇用割合が用いられている。企業パフォーマンスには、トービンのｑで測定される企業評価（firm valuation）、プラス１カ月から６カ月までのラグをとった異常収益率（abnormal return、ファーマーフレンチの３ファクターモデルで予測される期待収益率と実績の差）で測定される将来の超過リターンの２つが用いられている。また、オペレーションに関するパフォーマンスには、収益性の指標として四半期の企業収益レシオ（収益と売上原価の差を資産の額で除したもの）、標準化期待外利益（standardized unexpected earnings：SUE）が使用されている。

重回帰分析の結果、これら５つのスキルは、企業評価と肯定的な関連をもつが、将来の超過リターンとは否定的な関連をもつことが示された。また、ラグをとらない収益性との関連については、データ分析が否定的な関連を示したものの、IT、ソフトウェアエンジニアリング、ウェブ開発の３つは肯定的な関連を示した。しかし、１四半期から４四半期までのラグをとった収益性との関連は、各スキルセットとラグのほとんどの組み合わ

図表4－5　スキルセットの集中度と企業パフォーマンスとの関連

パフォーマンス指標	関連の向き
企業評価	5つのスキルセットのいずれもが肯定的な関連
将来の超過リターン	5つのスキルセットのいずれもが否定的な関連
収益性	おおむね肯定的な関連
将来の収益性	おおむね否定的な関連

（出所） Fedyk and Hodson（2022）より大和総研作成

せにおいて否定的な結果であった（図表4－5）。

企業評価と超過リターンについての相反する関連構造については、その背景に存在しうるメカニズムについてのさらなる分析が行われている（以下、「分析」といった場合は、企業評価および超過リターンについての重回帰分析を指す）。著者らが注目するのは、①スキルに対する市場の過大評価、②スキルの需要と供給、③スキルに対する企業の過大投資（経営者が組織よりも自己の利益を追求することを指す「帝国建設（empire building）」が起こっている可能性）、の3つである。

1つ目の市場の過大評価を検証するため、著者らは2000～2005年、2006～2010年、2011～2016年の3つの時代区分にサンプルを分けて分析している。5つのスキルセットのうち、ITとモバイルネットワークの2つは分析期間の比較的に早い段階（2000年代初め）で、データ分析、ソフトウェアエンジニアリング、ウェブ開発の3つは比較的後になって（2010年代）需要が増大したものとしている。

分析の結果、ITとモバイルネットワークはその需要拡大期とされる2000～2005年までの分析期間においては企業評価とプラス、超過リターンとマイナスの関連を示したが、このような関連はこれより後の分析期間では確認されなかった。一方、データ分析、ソフトウェアエンジニアリング、ウェブ開発については、2011～2016年の需要拡大期にはこのような関連が示されたものの、これより前の分析期間では確認されなかった。

2つ目のスキルに対する需要と供給については、データ分析、ソフトウェアエンジニアリング、ウェブ開発のスキルを要求する企業の求人数と企業評価および超過リターンの関連（各スキルセットへの企業の集中度と、スキルを要求する求人数の交互作用項）が検証されている。各スキルセットへの集中度が企業価値に与えるプラスの効果および超過リターンに与えるマイナスの効果は、各スキルセットを求める求人数が多い場合により強くなることを示唆する分析結果が提示されている。この結果は、求人数を離職率に置き換えても整合的であったことから、頑健性が確認されたとしている。

3つ目であるスキルに対する企業の過大投資については、企業評価および超過リターンと、企業の資産に対するキャッシュ比率の関連（各スキルセットへの企業の集中度とキャッシュ比率の交互作用項）を検証している。結果は、キャッシュ比率の高い企業ほど、企業評価のプレミアムと超過リターンがより小さくなる（企業評価、超過リターンともに交互作用項の係数は5つのスキルセットのうち4つでマイナス、うち2つで統計的に有意）ことを示唆していた（図表4－6）。

この論文では、企業の従業員のスキル構成が企業パフォーマンスに重要な影響を与えることが実証された。しかし、個人レベルで高い賃金プレミ

図表4－6　正の企業評価と負の将来超過リターンのメカニズムの検証結果

メカニズム	分析に考慮された変数	関連の有無
スキルに対する市場の過大評価	スキルの普及期	あり
スキルに関連した労働市場の逼迫	スキルに関連した企業の求人数	あり
スキルに対する企業の過大投資	企業のキャッシュ比率	あり

（出所）　Fedyk and Hodson（2022）より大和総研作成

アムをもたらすスキルセットは、企業レベルのリターン（将来の超過リターン）やオペレーション（収益レシオやSUE）に対しては負の影響を与える可能性があることが示された。これらの結果は、人気の高いスキルに対する企業の過大投資、それらに対する市場の過大評価が、後に逆転することを示唆していると、著者らは結論づける。

背景にあるメカニズムの検証も含め多くのデータと分析結果が提示されているが、この論文の主要な知見は、技術的に熟練した人的資本（IT、モバイルネットワーク、データ分析、ソフトウェアエンジニアリング、ウェブ開発）への投資が企業にもたらす、２つの異なる結果を同時に描き出したことであると考えられる。それは、企業評価との肯定的な関連と、将来の超過リターンとの否定的な関連の２つである。このように相反する市場の反応は、人的資本投資が常に市場から好意的に評価されるわけではなく、負のシグナルを与える可能性があることを示唆している。

人的資本投資を行う主体である企業に対して、この研究が伝えるのはいかなるメッセージであろうか。この論文から読み取れる重要なことの１つは、人気の高い技術に対する過大投資を避けることであると考えられる。ITやデジタル分野の技術的なスキルセットには時代によってさまざまなブームが訪れることが多いといえるが、そのようなブームに乗じて人的資本投資のあり方を決めることは、短期的には市場から好意的に受け止められたとしても、中長期的には否定的な反応に転じる可能性がある。人的資本投資の必要性が叫ばれ、多くの企業が対応に乗り出そうとしているなか、企業には自社が投資するべき重要な人的資本は何かを見極めることが求められていると考えられる[7]。

⑵　日本企業における研究の展開

これまでの研究の統合的なレビューや最近の実証研究の成果をふまえる

7　もっとも、この研究の結論や示唆がIT・デジタル以外の分野での人的資本投資に当てはまるかどうかはわからない。さらなる研究が求められると考えられる。

と、人的資本投資は企業パフォーマンスの向上につながりうるものであるとはいえるが、両者の肯定的な関係は無条件に存在するわけではなく、一定の条件下において生じるものであることが理解できる。もっとも、これまでにみたレビュー論文や個別の実証研究は、ほとんどが欧米で行われた研究であり、これらの研究成果がどの程度まで日本企業の人的資本をめぐる状況を考えるうえで応用できるかわからない点には、注意が必要である。

人的資本をめぐる論点は多岐にわたる。たとえば人事制度や労働慣行といったものは国によって大きく異なることから、欧米企業を対象とした研究成果がそのまま日本の状況に当てはまるとは限らない。そのため、日本企業を対象とした研究成果もあわせて確認する必要がある。近年、人的資本と企業パフォーマンスの関係をめぐっては、日本企業の間で独自の研究成果がいくつか出てきていることが注目される。ここでは、そのような企業内研究成果のうち2件を取り上げ、その成果を紹介しておきたい。

(i) **エーザイの研究**

1件目は、エーザイのCFO（当時）であった柳良平氏が提案する「非財務資本とエクイティ・スプレッドの同期化モデル（IIRC-PBR model）」、通称「柳モデル」である。柳モデルとは、企業によるESGに関する取組みは、一定の時間をかけてPBR 1倍超の部分である「市場付加価値（MVA）」（非財務資本による価値創造部分）に反映されるという理論的枠組みに基づき、人的資本を含む非財務資本と企業価値の関係を考えるフレームワークである。

もっとも、2023年に「月間資本市場」誌に柳氏自身が第一著者として発表した論文「『柳モデル』とDigital ESG適用事例からの示唆」において述べられているように、柳モデルはこのような狭義のフレームワークに矮小化されるものではないという。柳・杉森（2023）によると、柳モデルは「モデル、実証、開示、対話」の4つを含むトータルパッケージであると考えられており、投資家を説得する「ESGの見えざる価値を企業価値につなげる方法」であるとされる。したがって、投資家との対話の1つのツールとして、モデルに基づいて推計、実証した結果の情報開示に重きが置かれていると考えることができる。

実際に、柳モデルに基づき、エーザイは、アビームコンサルティングのESGデータプラットフォームであるABeam Digital ESG Platformを利用し、過去のESG指標88項目とPBRの関係を重回帰分析で実証し、その結果を自社の統合報告書である「価値創造レポート」において開示している。分析結果のうち、人的資本と企業価値の関係を示すものに注目すると、たとえば、人件費投入を10%増やすと5年後のPBRが13.8%向上する、女性管理職比率を10%改善すると7年後のPBRが2.4%向上する、といった結果が提示されている。

以降、いくつかの企業で、ABeam Digital ESG Platformと柳モデルを応用する事例がみられるようになる。たとえば、KDDI、NEC、日清食品HD、JR東日本が独自の分析を実施し、決算説明会資料や各種レポートで結果を報告している。

一方で、柳・杉森（2023）は、柳モデルの限界としていくつかの点を指摘している。統計学的に課題があるうえ、柳モデルを用いた分析結果は相関関係を示すものではあっても因果関係を証明するものではない。それゆえ、実務のなかで自社の取組み事例や情報開示、ステークホルダーに対する説明を重ねる努力を継続する必要があるとされる。

また、柳モデルでは、機会の面、すなわち企業が人的資本に関する取組みを推進することと企業価値を向上させることの関係に焦点が当たっているが、柳・杉森（2023）は取組みを行わなかった場合に企業価値が毀損されるリスクの面も重要であるとしている。その1つとして人権に関する取組みがあげられており、たとえば従業員の安全衛生（労働災害や休業災害の発生など）が該当する。従業員の人的資本の水準を高め、それを企業価値の向上につなげていくためにも、その基盤となる人権の保障が不可欠であると考えられる。

(ii) リンクアンドモチベーションの研究

2つ目は、働く個人の「モチベーション」にフォーカスした経営コンサルティングファームであるリンクアンドモチベーションの研究機関、モチベーションエンジニアリング研究所が2023年7月に発表した研究成果である。この研究は、人的資本投資における重要な指標の1つである従業員エンゲージメントと、投資指標であるROEや投下資本利益率（ROIC）、株価純資産倍率（PBR）の関係を明らかにすることを目的としている。

同研究所が公表した「従業員エンゲージメントと投資指標の関係性についての調査結果」と題された資料によると、この研究は、東京証券取引所のスタンダード市場およびプライム市場への上場企業で、リンクアンドモチベーションが提供する従業員エンゲージメントサーベイを実施した62社を対象として、エンゲージメントサーベイから算出される「エンゲージメントスコア」およびそれらに基づく「エンゲージメント・レーティング」とROE、ROIC、PBRの関係を分析するものである。

分析の結果、エンゲージメントスコアとROE、ROIC、PBRのいずれの投資指標との間にも正の相関が確認され、従業員エンゲージメントが高い企業ほど、これらの投資指標においてもパフォーマンスが高いことが示唆されている。同研究所は、従業員エンゲージメントが高いほど、投下した資本をより効果的に活用し、収益につなげられる可能性が高まることが、従業員エンゲージメントとROE、ROICが正の相関を示すことの背景にあると考察している。また、PBRとの関係については、投資家に対して人的資本投資が進められていることが伝わり、将来の収益性に対する期待が醸成できていることが、その背景にあるのではないかと考察している。

同研究においても、実証されたのはあくまでも相関関係であり因果関係ではないこと、人的資本投資がこれらの投資指標に対して、どのような過程を経て影響を与えるのかについては追加的な分析が必要であることなど、いくつかの限界は指摘されているものの、人的資本投資を企業価値の向上につなげようとするうえで、少なくとも従業員エンゲージメントの向上が１つの道筋になることを示したという点で、興味深い結果であるといえる。

⑶ 小　　括

本節では、近年の国内外の学術、企業における実証研究の展開に注目し、人的資本と企業価値の関係についてのこれまでの研究成果を大まかに把握してきた。これまでのところ、人的資本投資と企業パフォーマンスの間に正の関連があることを示す研究の数は多い（Beeferman and Bernstein、2015）。もっとも、人的資本投資を企業パフォーマンスにつなげるためには、いくつかの条件があることも示唆されている（Crook et al.、2011）。

１つ目は、媒介要因の存在である。人的資本投資と企業価値向上の関係は単純な正の関係ではなく、その間にはオペレーションや従業員エンゲージメントの向上などが絡んでいると考えられ、企業価値向上につながりうる人的資本投資とはこれらを実現するものである必要があると解釈できる。

２つ目は、その企業にとって重要な人的資本とは何であるのかを十分に検討することであろう。人的資本投資が企業価値に結びつくためには、企業特殊的な人的資本への投資が重要であることが、これまでの研究からは示唆されている。もっとも、Crook et al.（2011）で議論されているように、企業特殊的な人的資本は、戦略性が高く、他社にとって獲得がむずかしいものであることが重要である。終身雇用や年功序列を特徴とする固定的な雇用慣行の見直しを背景に、日本企業の人的資本投資をめぐっては企業特殊的な人的資本よりも、一般的な人的資本に対する投資を拡大する必要性に焦点が当たりやすいと考えられるが、より重要なのは企業特殊的か一般的かの類型の違いというよりは、人的資本の戦略性と独自性の両立であるといえるのではないだろうか[8]。

3つ目として、特定のスキルセットに対する過大投資を避けることも重要であるといえそうだ。人的資本の水準としてどのようなスキルや経験が重要と考えられるのかは、労働市場の需給やスキルの人気度など、短期的な要因にも影響を受ける。最近の研究では、人気の高いスキルセットへの投資は短期的な企業評価の向上にはなっても、将来の超過リターンを低下させる可能性が示唆されている（Fedyk and Hodson、2022）。

人的資本投資を企業価値向上につなげるためには、そもそも自社のユニークな強みは何か、自社にとっての重要な人的資本とは何か、労働者に求められるスキルや経験をめぐる市場環境はどのようなものかなど、自社を取り巻く事業環境を多角的に分析することが不可欠ではないだろうか。

〈参考文献〉

Aaron Beeferman and Larry Bernstein, 2015, "The Materiality of Human Capital to Corporate Financial Performance" http://dx.doi.org/10.2139/ssrn.2605640.

Anastassia Fedyk and James Hodson, 2022, "Trading on Talent: Human Capital and Firm Performance" *Review of Finance*, rfac068, https://doi.org/10.1093/rof/rfac068.

モチベーションエンジニアリング研究所「従業員エンゲージメントと投資指標の関係性についての調査結果」2023年 https://www.lmi.ne.jp/about/me/finding/detail.php?id=35（最終アクセス：2023年9月7日）

Russel T. Crook, Samuel Y. Todd, James G. Combs, David J. Woehr and David J. Ketchen, Jr., 2011, "Does human capital matter? A meta-analysis of the relationship between human capital and firm performance" *Journal of Applied Psychology, 96*(3)：pp.443-456.

8　企業による人的資本投資の拡大と経営戦略への組込みの必要性が叫ばれるなか、個人のキャリア形成に対する意識変化や、企業内外における自律的な学習の重要性が同時に議論されている状況では、人的資本投資をめぐる議論を企業の視点だけで考えることの限界が大きくなりつつあるように思われる。社会の一員としての従業員の立場やモチベーションなど、個人の視点が重要になるのではないだろうか。

柳良平・杉森州平「『柳モデル』とDigital ESG適用事例からの示唆」月間資本市場2023年２月号（No.450）、pp.16-27

2　人的資本への投資と企業価値との関係についての測定・評価の試み

(1)　本項の位置づけ・背景

本項では、企業価値と人的資本への投資の関係について測定・評価する試みを紹介する。2023年3月8日から10日にかけて開催されたサービス学会第11回国内大会において、産業技術総合研究所と大和総研の連名で発表した論文をもとに加筆・修正を加えたものである。

人的資本情報の取扱いはこれからより本格化することが見込まれているが課題も多い。用いるデータの種類や項目、いつのデータを使うか、どのような観点で何を検証するかといった仮説の立て方などにより、導かれる結果や解釈にも幅が出ることをご了承いただきたい。

(i)　人的資本投資と企業価値を関連づけることへの課題

国内において企業も投資家も人的資本が重要であるという認識が定着してきたが、人的投資を企業価値と関連づけて説明しようとすると、さまざまな課題に行き当たる。

経済産業省が公表した国内上場企業向けの「人的資本経営に関する調査集計結果」(2022年) では、237社の経営層からの回答として、「企業理念・存在意義・経営戦略の明確化」は進んでいる一方で、「投資対効果の把握」「人材ポートフォリオの定義」「投資家との対話」等は特に遅れているという結果となっている。

(ii)　人的資本経営の効果波及に関する仮説モデル

企業が人的資本に関する種々の施策 (取組み) を行うと、結果として、従業員の働きやすさが向上したり、メンタル面を含む健康状況が維持・改善したりすることが想定される。活き活きと働きやすい職場であれば従業員エンゲージメントも高まり、労働生産性に影響を与え、ひいては企業ブランドや企業価値の向上につながることも期待できる。そこで、図表4－

図表４－７　人的資本経営の効果波及モデル仮説

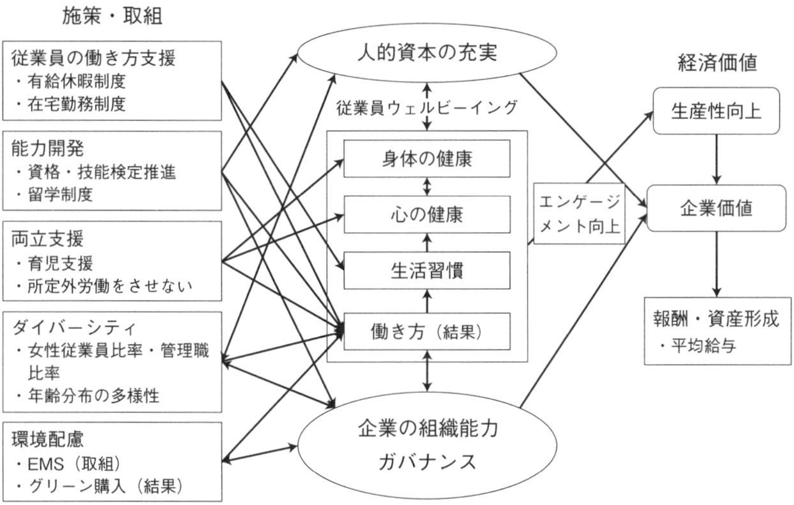

（注１）　EMS：環境マネジメントシステム（Environmental Management System）
（注２）　グリーン購入：製品やサービスを購入する際に、環境を考慮して、必要性をよく考え、環境への負荷ができるだけ少ないものを選んで購入すること。
（出所）　前川ほか（2023）

７のとおり仮説を設定し、このモデルが成立するかをデータに基づいて検証することとした。

人的資本向上に資する企業の取組みに関しては、これまでさまざまな研究分野で検討されてきた。以前から着目される能力開発（職業訓練）や労働衛生環境の整備に加え、近年では個々人にとってより働きやすい制度の充実も重要な取組みとして認識されている。また、健康経営や健康資本[9]の視点から、従業員の健康増進や疾病予防に対する企業の役割が重視されている。さらに、最近では、メンタルヘルスや従業員のエンゲージメント向上に対する取組みも着目されている。本検証では、企業の施策や取組み

9　健康資本とは、人が健康的に活動できる状態を維持するためには食事や運動、予防医療などの投資が必要で、何もしなければ加齢などにより自然に低下していくことから、人の健康を資本としてとらえる考え方である（Anna Schneider-Kamp、2021）。

を通じて心身の健康や生活習慣、働き方などで得られる状態を広く従業員ウェルビーイングとして位置づけた。一方で、企業の社会的責任として、ダイバーシティの向上や環境に配慮した取組みが資本市場においても求められているが、このような取組みを通して、企業の組織能力やガバナンスが高まることは人的資本の向上の面からも重要ではないだろうか。本検証では、そのような意図から、ダイバーシティや環境配慮に関する取組みも波及効果に関する仮説として取り入れることとした。

企業価値に関しては、どのような指標でとらえるのがよいかは各企業の事業特性に応じて変わりうる。今回は多数の業種の企業共通で客観的に計測可能で、かつ、資本市場における思惑の影響を受けやすい指標（例：株価）以外を使うことを考え、従業員１人当り付加価値額（人件費＋減価償却費＋賃借料＋事業税・租税公課＋営業利益）を用いることとした。

人的資本情報の開示対応に関して手探り状態の企業が多く、どのような内容をどのような深さで開示すればよいのか悩んでいるという声や、企業価値向上との関連づけが課題という声は多い。人的資本に関する施策が企業価値向上につながる経路を例示できれば、これから開示対応をする企業にとって参考になると考えられる。取組みと結果の関係を知ることは自社の人的資本経営をよりよくするための気づきとなるだけでなく、効果的に情報開示することで、資本市場や労働市場など外部ステークホルダーが、より的確に自社を評価できるようになることも期待できる。

⑵　関連する先行研究

従業員の健康状態が企業の生産性に大きな影響を与えていることは健康経営の文脈で多く議論されている。たとえば、厚生労働省が2017年に公表した「データヘルス・健康経営を推進するためのコラボヘルスガイドライン」や経済産業省の「企業の『健康経営』ガイドブック～連携・協働による健康づくりのススメ～（改訂第１版）」（2016年）において、東京大学にて実施された調査研究[10]が紹介されている。この研究では、健康リスクとして「生物学的（身体的）リスク」「心理的リスク」「生活習慣リスク」の該当数が増えるほど、アブセンティーイズム（健康問題による欠勤）やプレゼンティーイズム（健康問題による出勤時の生産性低下）による生産性損失が大きくなることが示されている。

また、健康や生活習慣に関するデータを使った分析事例として、たとえば、縄田・松本・木村（2019）では血圧の分布に関して、年齢・性別・身長・BMI以外に食事や運動などの生活習慣が影響することが示されていることから、生活習慣を改善することが取組みとして重要だといえる。

実際、たとえば、鶴・滝澤（2018）では、人材活用力は労働生産性やROA（総資産経常利益率）と相関関係にあることを示している。また、山本（2018）では働き方改革に関する施策が企業の利益率に与える影響の検証を行っている。

これらはエビデンスに基づく客観的な検証であるが、扱うデータ項目の範囲が各分野に限定される内容であったり、少数の健康保険組合（健保）や企業のデータのみを対象としていたりする。事業主がもつデータと健保がもつデータとを組み合わせた幅広い視点かつ多数の企業・健保のデータを用いた分析は、データ入手の困難さもありこれまであまり行われてこなかった。観点の幅広さとサンプル数の多さを両立させた分析を行うことで、より普遍的な傾向を知ることができる可能性がある。

⑶　本検証の目的

本検証では、人的資本に関する種々の施策（取組み）と従業員ウェルビーイングや企業価値との間の関係性を分析することを目的とした。

10　経済産業省の「平成27年度健康寿命延伸産業創出推進事業（ヘルスケアビジネス創出支援等）」において採択された「健康経営評価指標の策定・活用事業」において設けられた東京大学ワーキンググループの調査研究結果である。詳細は健康経営評価指標の策定・活用コンソーシアム（東京大学政策ビジョン研究センター　健康経営研究ユニット）「健康経営評価指標の策定・活用事業　成果報告書」（2016年２月）、平成27年度健康寿命延伸産業創出推進事業（経済産業省）を参照。

(i) 使用するデータ

大和総研が健保向けサービスで預かっている健診・レセプトデータ（健保データ）を分析してきた経験から、人事部門や財務部門などの所管データと、健保データとを組み合わせて分析することが必要だと考えた。本研究では、①働き方やダイバーシティに関する情報などのデータ（CSRデータ）、②健保データ、③財務データを用いて分析を行った。いずれも2020年度のデータを使用した。

①CSRデータは、東洋経済新報社のCSRデータを使用した。これは東洋経済新報社が毎年１回、全上場企業と主要未上場企業にアンケート調査を実施した回答データであり、2020年度は1,614社分のデータが収録されている。勤務体系に関する諸制度や従業員インセンティブ制度など各種施策の実施有無の情報に加え、月平均残業時間や勤続年数など定量的な回答結果と補足説明が含まれている。

②健保データは、大和総研が預かっている400超の健保組合の健診・問診、レセプトのデータを使用した。健診データは血圧や血糖など健康診断における測定値、問診データは健康診断の際に食事や運動習慣について尋ねた問診回答結果である。企業・健保によって、40歳以上が対象の特定健康診査のデータのみ預かっている場合もあれば、それに加えて39歳以下の一般健康診断のデータも預かっている場合もある。レセプトは健保加入者が医療機関にかかった際に発行される診療報酬明細である。③財務データは、主に上場企業が公開している財務諸表データである。大和総研では①CSRデータと②健保データを用いて、従業員の幸福度を客観的に評価する「従業員ウェルビーイングレポート」を顧客企業向けに提供している。「従業員ウェルビーイングレポート」の分析に用いるデータ項目一覧は付録表１に記載した。企業ごとの特徴を確認できる「従業員ウェルビーイングレポート」に対し、本検証は企業ごとではなく、より俯瞰的に評価対象企業全体や業種ごとの特徴を確認したものである。

ⅱ　データの加工・標準化

分析に先立ち、以下の手法によりデータの標準化を行った。

①CSRデータについて、残業時間など数字を尋ねている設問は、外れ値を除去したうえで最大値と最小値の間を均等に区分化し、各企業の回答がどの区分に含まれるかによって１～５点の５段階化、無回答は０点とした。

②健保データについて、400超の健保組合の700万人を超える加入者のデータには家族等の被扶養者も含まれているが、今回はできる限り従業員本人のデータに限定するため、20～64歳までの被保険者本人のデータを使うこととした。また、健康に関するデータを統計化する際は従業員の男女比や年齢構成による影響を大きく受けるため、性・年齢補正を行うことで比較可能性を高めることとした。補正方法は、「健康スコアリングレポート」（厚生労働省、経済産業省、日本健康会議）の１人当り医療費に関する補正方法を参考に、本研究では医療費以外の健診・問診項目についても補正を行うこととした。具体的には、集計対象である全健保の性・年齢階層別の平均値を、各健保の性・年齢構成に当てはめた場合の理論値（性・年齢補正後標準値）を算出し、各健保の実績値が理論値に比べて高いか低いかを表す指標（性・年齢補正後組合差指数）を算出することとした。

上記の加工を行ったうえで、①と②のデータを突合したデータを検証に用いた。突合後のデータ件数は258社分（2020年度）となった。

複数情報源のデータを突合することや、健康などセンシティブなデータを扱うには個人情報保護法等の法令面の配慮だけでなく、企業・健保・個人のデータ利用許諾や利用条件に関する留意も必要となる。人的資本経営ならではの分析観点の幅広さと、検証に用いる企業数の多さを両立させるため、統計化や５段階化することでデータ利用上の課題解消に努めた。

ⅲ　取組みから結果に波及するモデル検証

前項の仮説の図表４－７で示したモデルが成り立つことをデータに基づ

いて確認を行った。ここでは確認結果の例をいくつか示す。

⑷　生活習慣と健康リスクとの関係

喫煙、食事・飲酒、運動、睡眠などの生活習慣と、肥満、血圧、血糖などに関する健康リスク（有所見率）との間の相関係数を確認したところ、健康リスクと生活習慣の間の相関がみられ、厚生労働省の「健康日本21（第２次）の推進に関する参考資料」（2012年）などで示されている既存の結果と矛盾しない結果が得られた。

⑸　働き方の施策（在宅勤務制度）と生活習慣との関係

在宅勤務制度の有無と、生活習慣の状況については2019年度および2020

図表４－８　在宅勤務制度有無と生活習慣との関係

2019年度

在宅勤務制度有無		運動習慣	朝食習慣	夕食時間	睡眠習慣	飲酒頻度	飲酒量
0　制度なし	平均値	92.4	102.0	101.6	97.2	99.6	99.4
	度数	128	128	128	128	128	128
1　制度あり	平均値	101.6	102.7	103.3	102.8	100.0	99.0
	度数	124	124	124	124	124	124
合計	平均値	97.1	102.4	102.5	100.1	99.8	99.2
	度数	252	252	252	252	252	252

2020年度

在宅勤務制度有無		運動習慣	朝食習慣	夕食時間	睡眠習慣	飲酒頻度	飲酒量
0　制度なし	平均値	89.7	102.3	100.7	95.1	100.2	99.8
	度数	93	93	93	93	93	93
1　制度あり	平均値	100.8	103.2	104.7	102.6	99.9	99.2
	度数	165	165	165	165	165	165
合計	平均値	97.0	102.9	103.3	100.0	100.0	99.4
	度数	258	258	258	258	258	258

（注１）　表内の度数は回答社数を表す。
（注２）　各平均値は各生活習慣が良好な者の割合に関する組合差指数であり、集計対象の全健保平均を100として、値が大きいほど良好であることを表す。
（出所）　前川ほか（2023）

年度の２年分のデータを確認した。2019年度では在宅勤務制度を行っている企業数が少なかったものの、制度がある企業のほうが、ない企業に比べて良好な生活習慣であるという傾向が確認できた。コロナ禍の2020年度でも在宅勤務制度がある企業の従業員は運動習慣や睡眠習慣が相対的によい傾向がみられた（図表４－８）。

⑹　働き方やダイバーシティの指数と生活習慣との関係

働き方やダイバーシティを表す指数と各生活習慣の相関係数を確認した。働き方やダイバーシティの指標が良好であれば、生活習慣も良好な傾向にあるという結果が得られた。以下のような傾向が読み取れる（図表４－９）。

・平均年間給与が高い企業ほど、飲酒以外の多くの生活習慣がよい

図表４－９　働き方やダイバーシティの指数と生活習慣との正の相関が強い項目

平均年間給与の高さ	月平均残業時間の少なさ	従業員女性比率・管理職女性比率の高さ
正の相関が強い項目		
非喫煙者率の高さ 適切な運動習慣を有する者の割合 適切な歩行速度である者の割合 適切に睡眠をとれている者の割合 適切な朝食習慣を有する者の割合 適切な間食習慣を有する者の割合（量） 有休取得率の高さ	適切な運動習慣を有する者の割合 適切な歩行習慣を有する者の割合 適切な歩行速度である者の割合 適切に睡眠をとれている者の割合 適切な朝食習慣を有する者の割合 適切な夕食習慣を有する者の割合（時間帯） 従業員女性比率の高さ	適切な歩行習慣を有する者の割合 適切な歩行速度である者の割合 月平均残業時間の少なさ

（出所）　大和総研作成

・残業時間が少ない企業ほど、生活習慣（睡眠や食生活）がよい
・女性従業員比率や女性管理職比率が高い企業ほど、残業時間が少なく、食に関する生活習慣がよい

⑺　環境配慮の取組数と生活習慣との関係

環境配慮に関する施策（全19施策）のうち各企業が取り組んでいる施策数別に、生活習慣の性・年齢補正後組合差指数平均値を確認したところ、環境配慮の取組数が多い企業ほど、運動、食事、睡眠に関する生活習慣がよいという結果が得られた（図表４－10）。背景にガバナンスに関する企業風土があり、環境配慮の取組数はガバナンスを表す代理指標になっているととらえると、企業の環境配慮に対する姿勢と従業員の生活習慣との間の関係が説明できるのではないか。

⑻　働き方、生活習慣・健康リスク、労働生産性の関係

労働生産性として、従業員１人当り付加価値額（人件費＋減価償却費＋賃借料＋事業税・租税公課＋営業利益）を使用し、労働生産性が500万円以下だと「低い」、500万～2,000万円を「普通」、2,000万円以上だと「高

図表４－10　環境配慮の取組数と生活習慣（性・年齢補正後組合差指数平均値）との関係

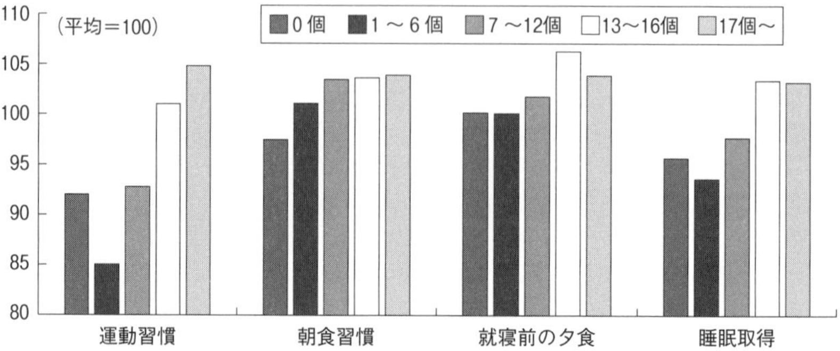

（注）　各平均値は各生活習慣が良好な者の割合に関する組合差指数であり、集計対象の全健保平均を100として、値が大きいほど良好であることを表す。
（出所）　大和総研作成

図表４－11　労働生産性別カテゴリごとの施策実施数

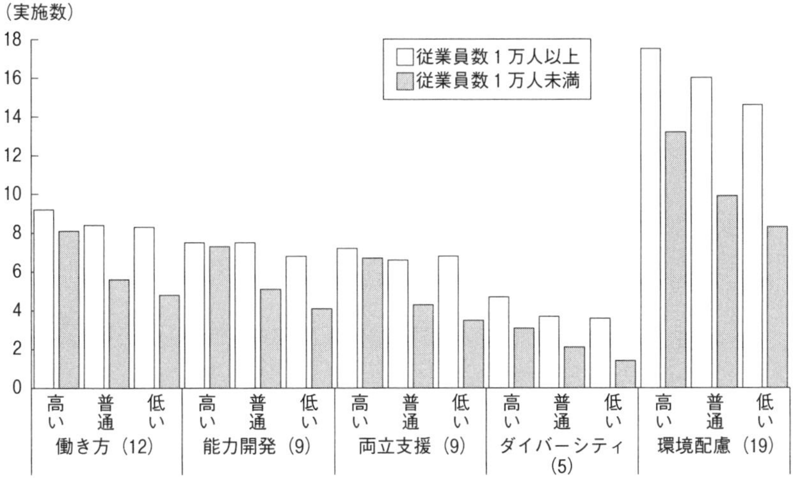

（注）　カッコ内は評価対象施策数。グラフ内の「高い」「普通」「低い」は労働生産性を表す。
（出所）　大和総研作成

図表４－12　労働生産性別のダイバーシティと働き方に関する施策実施指数

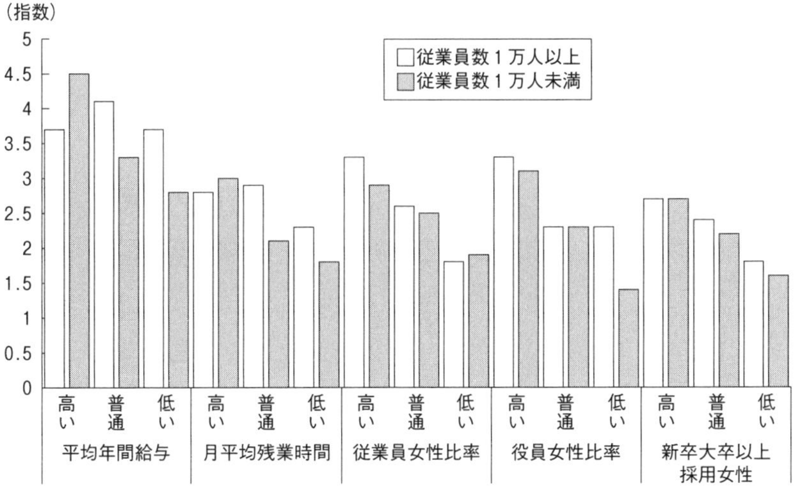

（注）　グラフ内の「高い」「普通」「低い」は労働生産性を表す。
（出所）　大和総研作成

図表4－13　労働生産性別働き方や生活習慣・健康リスクと労働生産性との関係

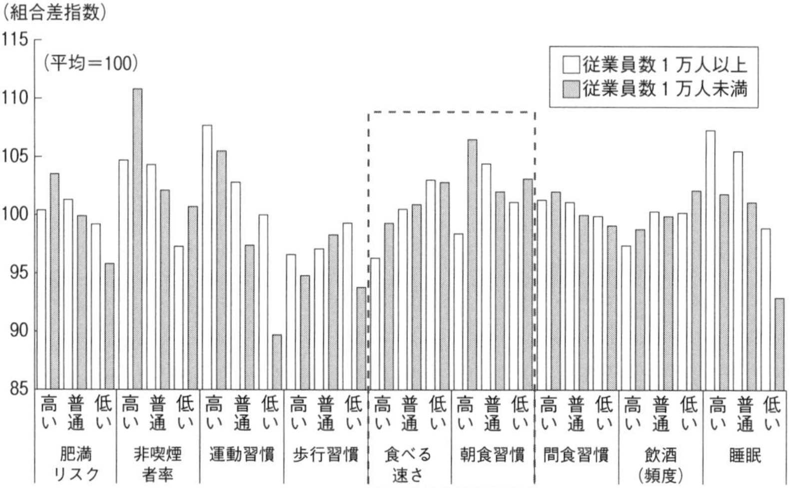

（注1）　各平均値は各生活習慣が良好な者の割合に関する組合差指数であり、集計対象の全健保平均を100として、値が大きいほど良好であることを表す。
（注2）　グラフ内の「高い」「普通」「低い」は労働生産性を表す。
（出所）　大和総研作成

い」として企業を分類した。さらに企業規模による影響を減らすため、従業員数別に群をつくることとした。労働生産性×従業員数の群別に生活習慣や健康リスク、働き方等の指標を確認したところ、以下の傾向が確認できた（図表4－11～4－13）。

・従業員数が1万人以上の企業群と、1万人未満の企業群とでは施策実施数に差がみられるが、いずれの群においても、生産性の高い企業群は施策実施数が多く、さまざまな投資を行っている。

・1万人以上でも未満でも、生産性の高い企業群は低い企業群に比べて、ダイバーシティや働き方に関する指数が良好である。

・1万人以上で生産性が高い企業群は、多くの指標で他の群より良好な状態であることが多いが、早食い、朝食を抜く人が多い、飲酒頻度が多いなど一部の生活習慣に関してはこの群が劣後する項目が存在する。

⑼ 業種ごとの特徴確認

本研究で対象としているデータを用いて企業ごとの状態を評価した「従業員ウェルビーイングレポート」を確認すると、業種によって傾向の違いがありそうだという気づきが得られた。対象の258社を業種分類に分けて確認した。複数業種をまたいで事業を営む企業も多く、業種分類が同じ企業同士が必ずしも似た性質の企業であるとは限らないが、企業分析においてよく用いられる切り口でもあるため、業種分類による特徴をみてみることとした。そのなかでも、それぞれの業種分類に固有の特徴がみられたものを示す。

(i) 小 売 業

小売業のうちダイバーシティに関する取組みが充実している企業は、従業員女性比率や管理職女性比率が高い水準にあることがわかった。また、そのような企業では月平均残業時間が少ない傾向にあることもわかった。取組みと結果のどちらが先かという問題は残るが、ダイバーシティに関する取組みを積極的に行っている企業は、女性が働きやすい環境を提供し、それを歓迎している従業員が多いとみることもできる。

ただし、今回のデータでは小売業全体で、就寝2時間以内に夕食をとる従業員の割合や、朝食をとらない従業員の割合が高く、食事の時間に関する生活習慣が良好でない傾向が見受けられた。生活習慣病リスクの有所見者率は全業種と比べてそれほど高くはないものの、食事時間に関する生活習慣の改善は小売業企業にとって共通の課題といえるかもしれない。店舗の営業時間や休憩のとり方に影響を受けやすいなどの事情を抱えている可能性はあるが、従業員に対して食習慣の改善を呼びかけたり、自社内データをより精緻に分析してどのような状況で食習慣の乱れが発生しやすいかを把握したりすることが重要であろう。

(ii) 建設業

建設業では、小売業とは逆に従業員女性比率が低いという結果が得られた。従業員の年齢分布に関しては多様性が高く、勤続年数も比較的長く、さまざまな年代の従業員が長く活躍している。平均年間給与水準は全業種と比べても高い傾向にあるが残業時間は多い。このような働き方のもと、就寝2時間以内に夕食をとる従業員や運動習慣をもたない従業員の割合が高いなど生活習慣の課題が見受けられる。「データヘルス・健康経営を推進するためのコラボヘルスガイドライン」(厚生労働省、2017) において、建設業は被保険者に占める男性の割合が高いことや、メタボリックシンドロームの該当者や予備群が多いことが示されているが、おおむねこれと整合する結果も確認できた。

(iii) 医薬品

医薬品の企業では、働き方、生活習慣、生活習慣病リスクともに良好な企業が多い。生活習慣に関しては特に喫煙率が低く、就寝2時間以内に夕食をとる従業員も少なく、運動習慣保有者は多い傾向がみられる。健康に関する事業を営んでいるため、日頃から従業員が健康情報に接する機会が多かったり、自ら健康増進を啓発する機会が多かったりすることが影響している可能性も考えられる。健康以外でも、たとえば環境配慮への取組みが全業種のなかでトップクラスに充実している企業や、労働生産性が比較的高い企業が多く、今回扱っているデータ範囲においては、おおむねすべての観点で非常に良好な状態にある企業が多い業種である。それゆえに同業種比較をされる状況においては、どの部分を自社の特長とみなすか丁寧にデータを確認したうえで戦略的に説明することが重要であろう。

(iv) 機械、精密機器、金属製品

製造業の企業についての特徴を確認するために、機械、精密機器、金属製品の3つの業界に注目した。製造業の企業は、女性管理職比率が非常に低い傾向があることが確認できた。運動習慣が悪い企業が多く、肥満リス

クも高めである。ただし、なかには全業種と比べても女性比率が高く、健康や生活習慣も良好な企業も存在する。同業種の多くの企業が課題を抱えがちな項目について良好な状態にある企業は、ほかの企業が改善を検討する際のベンチマークとなりうるだろう。

(v) 電気機器

製造業のうち、電気機器の企業も女性管理職比率が低い傾向にある一方で、食事習慣など生活習慣は良好な企業が多い。環境配慮への取組みが充実している企業が多いのもこの業種の特徴といえるだろう。

また、CSRデータで無回答項目が多い企業もみられるが、このような企業は生活習慣が良好でない傾向が見受けられる。従業員の生活習慣の改善に企業がどこまで介入するかは各企業の思惑や方針によるが、情報開示に積極的で社外からみられる機会が多いと、従業員の生活習慣にもガバナンスが効くのかもしれない。

(vi) 金融・保険業

他の業種と比較しても従業員女性比率、管理職女性比率、役員女性比率がいずれも高い水準にあることが確認できた。特に、両立支援や働き方に関する施策の実施数が多い傾向がある。一方で、生活習慣に関しては、他の業種にはみられていた業界内特有の傾向やベンチマークの存在が確認できなかった。また、朝食習慣がない従業員が多い企業や、飲酒量など食生活に問題のある従業員が多い企業の事例もみられた。対策方針としては、その会社の働き方にあわせた策を講じることが重要であると考える。

(10) 検証を通じた考察

本検証では、企業が行うさまざまな施策が、従業員の生活習慣や健康状態などを含む結果指標に影響を与え、さらに生産性や企業価値向上につながることを確認した。また、異なるデータソースをあわせることで、人的資本経営の波及効果がみえるようになったといえる。

業種別の特徴確認においては、サービス業や製造業ならではの傾向や課題を見出すことができた。企業単位のベンチマーキングや業種比較は有効な方法であるといえるだろう。

環境配慮への取組みを企業のガバナンスに関する代理指標とみなすことで、企業のガバナンスと従業員ウェルビーイングの関係を確認できたことは新たな発見といえる。

従業員の生活習慣に課題がある場合、背景として、各業種の人材構造や労働慣行が起因している可能性もみえてきた。生活習慣や従業員の健康に関する施策は、事業主ではなく健保が主体となって推進することも多いが、勤務時間や場所など労働慣行に原因がある場合などは事業主が主体となって取り組まなければ、根本的な問題解決に至らないこともありうるだろう。人材構造や労働慣行に影響のある産業や企業規模にあわせた戦略立案と実行が大切だと思われる。

企業価値について、今回は労働生産性（従業員１人当り付加価値額）を用いたが、ほかにもさまざまなとらえ方・考え方があるため、今後さらなる検討を行いたい。

従業員エンゲージメントの測定をしている企業は、現状では各社各様の調査項目を用いていることが多く、比較可能な標準化したデータを準備することがむずかしい。従業員一人ひとりへのアンケート実施の負荷について懸念を示す企業も多く測定方法の課題がある。

今回の研究から、人的資本に対する施策の効果指標として、従業員の健康状態を用いることができるのではないかと考えた。健診・レセプトデータといったデータを分析し、効果検証することのみにとどまらず、今後は、ストレスチェックや勤怠・労務等などの働き方に焦点を絞ったデータも活用することで、従業員視点でのウェルビーイングを可視化しやすくなるのではないかと考えられる。

データを蓄積・分析・モニタリングし、経営戦略や事業戦略の立案や見直し、情報開示の充実に活用することは今後ますます重要となるだろう。

われわれとしては本研究の結果をもとにステークホルダーとの会話を続けるとともに、従業員のウェルビーイングにつながるデータ分析を進め、大和総研の提供するコンサルティング、ITサービスに活かしていきたい。

〈参考文献〉

前川泰之・杉山秀樹・吉本康弘・竹中毅・幸島明男・三輪洋靖「人的資本経営に資する従業員情報の統合的分析」サービス学会　第11回国内大会講演論文集、2023年、pp.176-182

Anna Schneider-Kamp, "Health capital: toward a conceptual framework for understanding the construction of individual health," Social Theory & Health（2021）19：pp.205-219

健康経営評価指標の策定・活用コンソーシアム（東京大学政策ビジョン研究センター　健康経営研究ユニット）「健康経営評価指標の策定・活用事業　成果報告書」（2016年２月）、平成27年度健康寿命延伸産業創出推進事業（経済産業省）

経済産業省「企業の『健康経営』ガイドブック～連携・協働による健康づくりのススメ～（改訂第一版）」、2016年

経済産業省「人的資本経営に関する調査　集計結果」、2022年

厚生労働省「健康日本21（第２次）の推進に関する参考資料」、2012年

厚生労働省「データヘルス・健康経営を推進するためのコラボヘルスガイドライン」、2017年

鶴光太郎・滝澤美帆「生産性向上と両立する働き方改革を目指して―『スマートワーク経営調査』からみえてきたことは何か」「働き方改革と生産性、両立の条件」日経Smart Workプロジェクト（日本経済新聞社、日本経済研究センター）、2018年６月、pp.11-31

縄田和満・松本章邦・木村もりよ「健康診断・レセプトデータを用いた血圧と医療費の関連に関する分析」RIETI Discussion Paper Series 19-J-031、2019年、経済産業研究所

山本勲「上場企業における働き方改革と利益率―『スマートワーク経営調査』データを用いた検証」「働き方改革と生産性、両立の条件」日経Smart Workプロジェクト（日本経済新聞社、日本経済研究センター）、2018年６月、pp.51-75

付録 「従業員ウェルビーイングレポート」のデータ項目

分野	評価項目	種別
1．身体の健康	労働安全衛生マネジメントシステムの構築	取組
	健診実施率	結果
	特定保健指導該当率	結果
	特定保健指導実施率	結果
	肥満リスク非保有者率	結果
	肝機能リスク非保有者率	結果
	脂質リスク非保有者率	結果
	血圧リスク非保有者率	結果
	血糖リスク非保有者率	結果
	（全傷病）１日あたり医療費	結果
	生活習慣病の１日あたり医療費（７種類）　＊1	結果
2．心の健康	メンタルヘルス休職率	結果
	メンタル系疾患の１日あたり医療費（３種類）　＊2	結果
	従業員満足度調査の実施	取組
3．生活習慣	非喫煙者率	結果
	適切な運動習慣を有する者の割合	結果
	適切な歩行習慣を有する者の割合	結果
	適切な歩行速度である者の割合	結果
	適切な速度で食事する者の割合	結果
	適切な朝食習慣を有する者の割合	結果
	適切な間食習慣を有する者の割合	結果
	適切な夕食習慣を有する者の割合（時間帯）	結果
	適切な飲酒習慣を有する者の割合（頻度）	結果
	適切な飲酒習慣を有する者の割合（量）	結果

分野	評価項目	種別
	適切に睡眠をとれている者の割合	結果
4．報酬・資産形成	平均年間給与	結果
	ストックオプション制度	取組
5．働き方	有休取得率	結果
	月平均残業時間	結果
	残業時間削減の取り組み	取組
	勤続年数	結果
	希望者の65歳までの雇用	取組
	短時間勤務制度	取組
	時間単位の有給休暇制度	取組
	半日単位の有給休暇制度	取組
	勤務間インターバル制度	取組
	在宅勤務制度	取組
	サテライトオフィス	取組
	フレックスタイム制度	取組
	裁量労働制度	取組
	ワークシェアリング	取組
	社内公募制度	取組
6．能力開発	従業員の能力・業績評価基準	取組
	従業員の能力・評価結果の公開	取組
	特別な成果に対する表彰・報奨制度	取組
	資格・技能検定の取得奨励制度	取組
	キャリアアップ支援制度	取組
	国内留学制度	取組
	海外留学制度	取組
	副業・兼業許可制度	取組

分野	評価項目	種別
	従業員の教育研修費用の把握	取組
7．両立支援	配偶者の出産休暇制度	取組
	女性の育休取得率	結果
	男性の育休取得率	結果
	育児休業復職率	結果
	保育設備・手当	取組
	未就学児の育児を目的とした短時間勤務制度	取組
	未就学児の育児を目的としたフレックスタイム制度	取組
	始業・終業時刻の繰り上げ・繰り下げ	取組
	所定外労働をさせない制度	取組
	事業所内託児施設の運営	取組
	育児サービス費用の補助制度	取組
	介護休業取得率	結果
	妊娠・出産・育児・介護・転勤などを理由として退職した社員の再雇用制度	取組
8．ダイバーシティ	従業員女性比率	結果
	管理職女性比率	結果
	役員女性比率	結果
	新卒大卒以上女性比率	結果
	中途採用女性比率	結果
	障害者雇用率	結果
	特例子会社の有無	取組
	年齢分布の多様性	結果
	人権尊重・差別禁止等の方針の有無	取組
	人権デューデリジェンスの取り組み	取組
	LGBTに対する基本方針の有無	取組

分野	評価項目	種別
	LGBTに関する何らかの取り組み	取組
9．環境配慮	環境対策担当部署の有無	取組
	環境担当役員の有無	取組
	環境方針文書の有無	取組
	環境方針文書のWeb公開	取組
	環境会計の有無	取組
	環境会計の公開	取組
	スコープ3による温室効果ガス排出量の集計	取組
	環境監査の定期実施	取組
	環境マネジメントシステム（EMS）の構築	取組
	環境分野の中期計画の有無	取組
	CO_2排出量・原単位削減に関する中期計画の有無	取組
	事務用品等のグリーン購入比率	結果
	グリーン購入への取り組み	取組
	事業所敷地内等における土壌・地下水汚染状況の数量等の公開	取組
	気候変動対応の取り組み	取組
	再生可能エネルギーの事業所、本社ビル等への導入	取組
	プラスチック削減の取り組み	取組
	容器包装削減の取り組み	取組
	環境ビジネスへの取り組み	取組
	カーボンオフセット付き商品・サービスの提供	取組

（注）　＊1…「肝機能障害」、「虚血性心疾患」、「高血圧症」、「高脂血症」、「高尿酸血症」、「糖尿病」、「脳血管疾患」

（注）　＊2…「気分［感情］障害（躁うつ病を含む）」、「神経症性障害、ストレス関連障害及び身体表現性障害」、「統合失調症、統合失調症型障害及び妄想型障害」

（出所）　大和総研作成

おわりに

本書では資本市場における人的資本の評価や、上場企業の人的資本開示のあり方に焦点を当てた。従来、労務管理や人的資源管理など、人事部門を中心にさまざまな取組みが行われている。そうしたなかで、なぜ近年人的資本をめぐる議論が活発になっているのか、その背景を理解するため、第１章では人的資本とは何かをあらためて整理するとともに、これまでの経緯を振り返った。資本市場では、機関投資家を中心に投資先企業の中長期的な企業価値向上を意識するようになっており、ESGのＳ（社会）要因の１つとして、人的資本に関心をもつ投資家が増えている。

第２章では、こうした投資家の要請などを受け、企業の人的資本情報開示の制度導入が世界的に進んでいることを解説した。欧米で先行してきたが、日本でも2023年３月期から有価証券報告書での人的資本の開示が義務化され、今後投資家による投資判断に活用されていくことが期待される。人的資本を含むサステナビリティに関する情報開示制度はまだ発展途上の段階である。開示主体である企業の取組みの進展、利用者である投資家の評価をふまえながら、改善されていくことが期待される。

第３章では、日本企業の有価証券報告書における人的資本の情報開示を概観した。TOPIX500採用企業のうち３月決算企業の2022年事業年度の有価証券報告書を分析したところ、D&Iや教育・訓練について「戦略」に記載する企業が多いことがわかった。現状、「指標及び目標」や従業員の状況として記載する「多様性に関する指標」について、財務諸表で連結する範囲での集計がなされておらず、投資家として開示情報をどのように判断するのかむずかしい状況にある。第４章で指摘したとおり、連結で示すことが適切かという問題もあるが、そうした課題も含め、今後、実証分析などの蓄積を深め、人的資本に関するどういった取組みが企業価値と関連性が強いのか、どのような開示が投資家の投資判断に資するものといえるのか、整理していく必要があるだろう。なお、すでにあるいくつかの実証分析のサーベイおよび大和総研による健康経営にフォーカスした分析結果は、第4章に示した。

企業に求められる情報開示は、量・質ともに年々増えており、対応に必要な人員も増えている。情報開示にどこまでコストをかけるべきなのか、戸惑う声を耳にする機会も少なくない。人的資本に関心をもつ機関投資家は相対的に時価総額の大きい企業を投資対象とすることが多く、投資対象になりにくい時価総額の小さい企業にとっては、情報開示を通じた効果（投資家が自社への理解を深めてくれたのかなど）を実感しにくい面もある。一方、近年AIやビッグデータの活用など、テキスト情報の収集・分析の進展が目覚ましく、ESG評価機関などは年々調査対象を広げている。資本市場で適切に評価されるためには、やはり情報開示を通じて投資家と企業の間の情報の非対称性を解消していく必要があるのだろう。

企業が効率的な情報開示をするためには、開示制度への理解を通じて開示が必須な情報とそうでない情報を明確にすること、また投資家が求めている（開示すべき）情報とそうでない情報を把握することが第一歩である。本書を通じて、人的資本に関する情報開示制度や資本市場の期待について、理解を深めていただくことができたのであれば幸いである。

【執筆者紹介】

太田　珠美（おおた　たまみ）（担当：第１章、第３章、第４章）

株式会社大和総研　金融調査部ESG調査課長 主任研究員
2003年大和証券入社、リテール営業や企画部門を経て、2010年に大和総研に転籍、コーポレートファイナンスについての調査を担当。2019年より現職。2021年から日本証券業協会「カーボンニュートラル実現に向けた証券業界に対するアドバイザリーボード」メンバーを務める。著書に『理系人材のための金融経済リテラシー』〔共著〕（金融財政事情研究会、2018年）、『証券市場のグランドデザイン―日本の株式市場はどこに向かうのか―』〔共著〕（中央経済社、2012年）など。

小栗　晴佳（おぐり　はるか）（担当：第４章）

株式会社大和総研　システムコンサルティング企画部ヘルステック推進室
2023年大和総研入社。健康保険組合のデータヘルス計画に関するデータ分析、コンサルティングを担当。

杉山　秀樹（すぎやま　ひでき）（担当：第４章）

株式会社大和総研　システムコンサルティング企画部ヘルステック推進室
担当部長
1988年大和総研入社。一般企業向けのシステム開発、プリセールス業務を経て、2008年にマーケティングリサーチ部長。2010年より公共分野や一般企業向けのITコンサルティング、事業企画を担当。2019年より現職（ヘルスケア関連の事業企画）を担当。

中　澪（なか　れい）（担当：第３章、第４章）

株式会社大和総研　金融調査部ESG調査課 研究員
2014年大和総研入社、官公庁や政府系金融機関からの受託調査に従事。タイを中心にアジア新興国・開発途上国を担当。英国大学院留学を経て、2022年より現職。ロンドン・スクール・オブ・エコノミクス（LSE）方法論学部修士課程（社会調査法専攻）および社会政策学部修士課程（国際社会公共政策専攻）修了。専門は、サステナブルファイナンス、ダイバーシティ、ジェンダー。

藤野　大輝（ふじの　だいき）（担当：第2章、第3章）

株式会社大和総研　金融調査部ESG調査課 兼 制度調査課 研究員
2017年大和総研入社。2018年より金融調査部制度調査課で開示・会計制度、個人情報法制について調査。2019年よりESG調査課を兼任。SDGs・ESGに関する情報開示制度などについて調査。著書に『ESG情報開示の実践ガイドブック』（中央経済社、2022年）など。

前川　泰之（まえかわ　やすゆき）（担当：第4章）

株式会社大和総研　システムコンサルティング企画部ヘルステック推進室 副部長
2007年大和総研入社。一般企業向けのシステム開発、プリセールス、ITコンサルティング業務を経て、2016～18年経済産業省に出向、主に国内マクロ経済分析を担当。帰任後は、健康経営や健康保険組合のデータヘルス計画に関するデータ分析、コンサルティングを担当。

大和　敦（やまと　あつし）（担当：第3章）

株式会社大和総研　リサーチ業務部データバンク課長 兼 金融調査部ESG調査課 副部長
1991年大和総研入社。同年より大和証券業務系システム開発に従事。1998年より現リサーチ本部にてデータマネジメント業務に従事。国内上場企業の財務・非財務データ、投資信託定性データ、大和日本株インデックス等を担当。

資本市場に向けた人的資本開示

2024年 3 月19日　第 1 刷発行

編著者　株式会社大和総研
発行者　加　藤　一　浩

〒160-8519　東京都新宿区南元町19
発　行　所　**一般社団法人 金融財政事情研究会**
出　版　部　TEL 03(3355)2251　FAX 03(3357)7416
販売受付　TEL 03(3358)2891　FAX 03(3358)0037
URL https://www.kinzai.jp/

校正:株式会社友人社／印刷:三松堂株式会社

・落丁・乱丁本はお取替えいたします。定価はカバーに表示してあります。

ISBN978-4-322-14432-1